KB201225

신성종 목사

핵심스마트설교 ⑬

핵심스마트설교 ⑬
불신자와 멍에를 같이하지 말라

신성종 목사 지음

도서출판 한글

핵심 스마트 설교(13)

불신자와 멍에를 같이하지 말라

2022년 8월 25일 1판 1쇄 인쇄
2022년 8월 30일 1판 1쇄 발행

저   자 신성종
발행자 심혁창
마케팅 정기영
교   열 송재덕
표지화 신인수
디자인 박성덕
인   쇄 김영배
펴낸곳 도서출판 한글

우편 04116
서울특별시 마포구 신촌로 270(아현동)
수창빌딩 903호

☎ 02-363-0301 / FAX 362-8635
E-mail : simsazang@daum.net
창   업 1980. 2. 20.
이전신고 제2018-000182

* 파본은 교환해 드립니다
* 정가 20,000원
*

ISBN 97889-7073-613-6-93230

‖ 머리말 ‖

당신은 왜 사는가?

신성종 목사(크리스천 문학나무 편집인)

우리가 살다 보면 왜 사는지 종종 잊을 때가 있다. 그래서 가끔은 자신에게 나는 왜 사는가 하고 물어볼 필요가 있는 것이다. 사실 산다는 것은 생각처럼 간단하지 않다. 많은 일들이 연결되기 때문에 마침내는 삶의 목적과 목표를 혼동할 수가 있다. 그래서 많은 사람들이 불행해지고 인생에 실패를 한다. 나는 아침에 일어나면 오늘은 무엇을 해야 할 것인가 하고 그날의 계획을 세워 본다. 가장 좋은 방법은 묵상기도를 통해 자신의 모습을 살펴보면서 나를 향한 하나님의 뜻을 찾으면서 목표를 세우는 것이다.

여기서 중요한 것은 인생의 목적과 목표는 다르다는 점을 분별하는 일이다. 목적은 내 인생의 궁극적 이유를 말하는 것이고, 목표란 그 목적을 이루기 위한 구체적인 수단과 방법을 말하는 것이다. 목적은 추상적인 것이 일반적이지만 목표는 구체적인 것이 특징이다. 그러나 많은 사람들은 이 목적과 목표를 혼동한다. 그래서 돈 버는 일에 일생을 다 허비하고 사업을 한다고 허비를 한다. 그러다가 늙고 죽을 때가 되어서야 내가 살아온 목적이 잘못된 것을 발견하고 후회를 하지만 그때는 이미 늦는다. 필자는 대학에 들어간 후에는 등록금을 벌기 위해서 가정교사를 하기도 하고 미국에 가서는 방학 때 농장에 가서 노동을 하기도 했다. 정원에 가서 풀을 깎기도 하고, 식당에 가서 접시 닦는 일을 하기도 했다. 그러나 등록금을 번 후에는 다시 공부하는데 전념했다. 박사 학위를 받은 후에는 가르치고 책을 쓰기 위해서 공부를 지금도 계속하고 있지만 다행히도 목적과 목표를 혼동하지는 않았다. 그러나 방황이 전혀 없었다고 하면 그것은 거짓이다. 그래서 노년이 되어 자신을 살펴보면 남들처럼 벌어놓은 재물은 없지만 한 번도 굶은 적은 없었다. 빈손으로 왔다가 빈손으로 가는 인생이니 후회는 없다. 그러다 보니 그동안 4만여 권의 책을 읽었고 백 사십 권이 넘는 책을 썼다.

나의 인생의 목적은 나의 설교와 강의와 글을 통해 하나님의 영광을 드러내려고 최선을 다한 것이다. 내가 살아온 것이 성공인지 실패인지는 후세가 평가하겠지만 확실한 것은 곁눈질하지 않고 열심히 외길로 살아 왔다고 생각한다.

나는 목표를 시간적 순서에 따라 정한다. 어떻게 보면 좀 따분한 삶이 기는 하지만 그러나 후회는 없다. 지금까지 살아온 대로 다시 살라고 하면 그렇게 열심히 살 것 같지는 않다. 하나님께 영광이란 목적을 위해 때로는 목회를 했고, 때로는 학교에서 강의를 했고, 선교를 하기도 하였다. 나의 잡념을 정리하기 위해 시를 쓰다가 시인으로 등단하기도 했다.

사랑하는 형제자매들이여, 당신들의 삶의 목적은 무엇이며 그것을 이루기 위해서 어떤 목표를 세우고 있는가? 과연 당신의 목표가 목적과 상충되지는 않는가? 우리들의 삶의 목적은 하나님이 기뻐하시는 것인가? 목표는 당신의 목적과 직접 연결이 되고 있는가? 혹시나 방황하고 있지는 않는가? 인간이 산다는 것은 간단하지 않기 때문에 방황할 때도 없지 않지만 그러나 그것이 하나님께서 기뻐하시는 것인가를 자신에게 자주 물어보아야 한다.

그때 필요한 것이 묵상기도이다. 많은 사람들은 예배 때만 묵상기도하는 것으로 알고 있지만 아침마다 일어나서 매일 매순간 점검해 보지 않으면 허송세월을 할 수 있음을 잊지 말자.

이번에 심혁창 장로님의 도움으로 그동안 내가 설교했던 내용들을 모아 수십 권의 책들을 출판하게 된 것을 주님께 감사한다. 별로 잘 쓴 글들은 아니지만 많은 후배 목사들에게 자신의 설교와 비교해 보고 또 요약해서 자신이 살을 붙이면 좋은 자신의 설교가 되리라 믿고 감히 나의 치부들을 내놓는다. 일반 성도들은 가족들과 함께 큰소리로 읽어보면 큰 은혜가 될 것이다.

작은 종 신성종 드림.

목 차

먼저 자신을 주께 드리고

(고후8:1-5)

고린도 교회는 예루살렘 교회가 어려움을 당했을 때에 풍성한 연보를 해서 보내었습니다.

당시 그들은 많은 시련이 있었고, 가난으로 인해 어려움이 많았습니다. 그런데도 그들은 3절의 말씀처럼 "힘에 지나도록 자원하여" 헌금을 했습니다.

바울은 고린도 교회의 이런 점을 칭찬했습니다. 사실 우리 교인들도 금년 한 해 동안 헌금한 것을 보면 다른 어느 때보다도 많았습니다. 그러나 우리가 잘 아는 대로 금년은 경제적으로 작년보다 더 어려운 해였습니다.

그런데도 우리 성도들은 열심히 헌금했습니다. 자랑스럽습니다. 하나님께서 분명히 더 큰 축복을 주실 것입니다. 5절의 말씀을 함께 읽겠습니다.

"우리의 바라던 것뿐 아니라 저희가 먼저 자신을 주께 드리고 또 하나님의 뜻을 좇아 우리에게 주었도다." 오늘은 이 말씀을 중심으로 '먼저 자신을 주께 드리고'라는 제목으로 함께 은혜를 나누려고 합니다.

1. 믿음의 세계 바른 순서

세상에는 모든 것에 순서가 있듯이 믿음의 세계에도 순서가 있습니다. 먼저 할 것과 나중에 할 것이 있습니다. 이 순서를 잘못하면 수고를 하고도 영광을 얻지 못합니다. 그러므로 순서를 바로 해야 합니다. 예수님의 산상설교를 보면 먼저 해야 할 것을 세 가지로 말씀하고 있습니다.

(1) 먼저 형제와 화목하라

마 5:23-24절에 보면 예물을 제단에 드릴 때 먼저 형제와 화목하고 그 다음에 예물을 드리라고 했습니다.

(2) 먼저 그의 나라와 그의 의를 구하라

마 6:33절에서는 "너희는 먼저 그의 나라와 그의 의를 구하라. 너희 천부께서 이 모든 것이 너희에게 있어야 할 줄을 아시느니라"고 했습니다. 기도의 순서와 삶의 우선순위를 말씀한 것입니다.

(3) 먼저 네 눈 속에 있는 들보를 빼어라

마 7:5절에 보면 "외식하는 자여 먼저 네 눈 속에 있는 들보를 빼어라. 그 후에야 밝히 보고 형제의 눈 속에서 티를 빼리라"고 했습니다. 자신의 잘못된 문제부터 해결하고 남의 문제를 해결하라는 것입니다. 사람들은 자기의 눈 속에 있는 들보는 보지 못하고 남의 눈 속에 있는 티만 비판합니다.

2. 자신을 주께 드린다는 뜻은?

(1) 먼저 소속을 주님께 하라

먼저 소속을 주님께 하라는 것입니다. 세상에는 소속이 대단히 중요합니다. 마스로우도 인간의 욕구 중 세 번째가 소속감이라고 했습니다. 우리가 주님께 소속하지 않으면 결국 사탄에게 속하게 되기 때문입니다.

(2) 주님께 우리를 내어맡기라

주님께서 우리들을 깨끗이 씻을 수 있도록 내어맡기란 것입니다.

(3) 전적으로 헌신하라

주님께 전적으로 헌신하라는 것입니다. 하나님께서 가장 기뻐하시는 것은 구약시대에는 번제였습니다. 신약시대에는 산제사입니다. 우리 자신을 하나님께 전적으로 헌신하는 것입니다.

그러면 우리를 정결케 하고, 선한 일에 쓰임 받게 하고, 축복해주실 것입니다.

듣지 아니하는 자는

(행3:22-26)

1. 모세의 예언

22절은 신명기 18:14-19절에 기록된 모세의 예언을 인용한 것입니다.

장차 모세와 같은 선지자를 하나님이 세워서 온 이스라엘을 인도하실 때가 올 것입니다. 그 때에 '모든 말씀을 들을 것이라'고 하였습니다. 그런데 우리는 자신의 고집 때문에 귀를 기울이지를 않습니다. 오직 듣고 싶은 것만 듣습니다. 축복과 천국과 지혜와 은혜 등. 그러나 하나님의 말씀은 전체적인 것이기 때문에 일부만 골라서 들을 수 없는 것입니다.

2. 선지자들의 경고의 말씀을 인용

23절, "누구든지 그 선지자의 말씀을 듣지 아니하는 자는 백성 중에서 멸망을 받으리라."

3. 때를 아는 것

24절, "또한 사무엘(첫 번째 선지자로 베드로는 보고 있다) 때부터 옴으로 말한 모든 선지자도 '이 때'를 가리켜 말 하였느니라." 중요한 것은 때를 아는 것입니다.

4. 너의 씨를 인하여 복을 받으리라

25절, "땅위에 모든 족속이 너의 씨를 인하여 복을 받으리라".
이것은 창세기 12:2절의 언약의 말씀을 두고 하신 것입니다.

5. 악함을 버리게 하심

26절, "하나님이 그 종을 세워 복 주시려고 너희에게 먼저 보내사 너희로 하여금 돌이켜 각각 그 악함을 버리게 하셨느니라."

다시 하나님의 축복을 회복하는 비결은 오직 각각 그 악함을 버리는 데 있습니다. 즉 회개하는 길만이 사는 길입니다.

메시야의 탄생과 통치

(사9:1-7)

9장의 말씀은 징벌 후에 주시는 소망의 메시지로 '평강의 나라를 세우게 될 것'을 예언하고 있습니다. 이것을 보면 하나님께서는 징벌도 사랑의 채찍이요 변화되어 복을 받으라는 신호인 것을 알 수 있습니다.

1. 전에 고통을 당하던 자

1절에 "전에 고통을 당하던 자"란 누구를 말하는가요?

(1) 갈릴리 땅을 말함

왕하 15:29절에 보면 알 수 있습니다. 앗수르가 침략해 왔을 때 제일 먼저 고통을 당했기 때문입니다.

(2) 스불론 땅과 납달리 땅으로 멸시를 당케 하심

"스불론 땅과 납달리 땅으로 멸시를 당케 하셨더니"란 어떤 사건을 두고 하는 말인가요?

왕하 15:29절에 "이스라엘 왕 베가 때에 앗수르 왕 디글랏 빌레셀이 …. 갈릴리와 납달리 온 땅을 취하고 그 백성을 사로잡아 앗수르로 옮겼더라"고 한 말에서 포로로 잡혀갈 것을 말씀한 것입니다.

(3) 갈릴리를 그의 주된 목회지로 삼을 것임

1절에서 "후에는 해변 길과 요단 저편 이방의 갈릴리를 영화롭게 하셨느니라"고 했는데 그것은 무슨 사건을 말하나요?

마 4:13-16절에 기록된 대로 하나님께서는 그의 아들을 갈릴리로 보내어 갈릴리를 그의 주된 목회지로 삼을 것을 말한 것입니다. 이로 인해서 하나님께서는 갈릴리를 영화롭게 한 것입니다. 왜냐하면 갈릴리가 예수님의 사역의 중심지, 즉 영적 도읍지로 삼았기 때문입니다.

(4) 백성이 큰 빛을 보고

4절에서 "흑암에 행하던 백성이 큰 빛을 보고"란 무엇을 말하는가?

큰 빛이 되신 메시아(요1:9; 8:12)를 보내어 어두움(포로됨)을 제거해 주셨다는 말이다(요42:16; 49:6; 58:8; 60:1,19-20). 이 구절(사 9:1-2)은 마태복음 4:14-16절에서 인용되고 있으며 메시아이신 예수님을 통해서 성취되었습니다.

(5) 이 나라를 창성케 하심은

3절의 "주께서 이 나라를 창성케 하시며"는 무슨 뜻인가?

이 말씀은 하나님께서 아브라함에게 주신 언약의 내용입니다(창 22:17). 3절에서 그들의 즐거움을 추수와 탈취물의 나눔의 기쁨에 비유하고 있습니다(삿6:30).

(6) 즐거움의 이유는?

4절에서 답변하고 있습니다. "이는"이란 말은 그 이유를 설명할 때 사용하는 말입니다. 삿 7:22절에 하나님께서 기드온을 통해서 미디안을 치실 때와 같다고 했습니다. 즉 그때처럼 "무겁게 멘 멍에", "어깨의 채찍", "압제자의 막대기를 꺾으시되." 그 결과 군인의 갑옷이 "불에 섶같이 살라지리니"(5절) 즉 참 자유함을 얻게 된 것을 즐거움의 이유로 말씀한 것입니다.

(7) 임마누엘의 특징

6절은 7:14절에서 예언된 임마누엘의 특징을 설명하고 있습니다.

여기서 이사야는 메시야의 이름을 5가지로 묘사하고 있습니다

첫째 '기묘자'

둘째 '모사'

셋째 '전능하신 하나님'

넷째 '영존하시는 아버지'

다섯째 '평강의 왕'이시다

이 예언은 궁극적으로 메시아 되시는 예수님의 탄생을 통해서 성취되었습니다.

모든 것을 적당히 하자

(고전14:39-40)

은사 사용할 때에 중요한 것은
① 진리에 기초해야 합니다.
② 교회의 건덕을 위해서 사용해야 합니다.
③ 하나님만이 영광을 받도록 해야 한다는 것입니다.

1. 적당하고 질서대로 하라

40절에 보면 모든 것을 적당하게 하고, 질서대로 하라고 했습니다. 그러나 한국적인 관점에서 보면 적당주의는 나쁜 것입니다. 얼버무리고, 형식적으로 하고, 속빈 강정처럼 내용 없는 것을 적당주의라고 말합니다. 그러나 본문의 뜻은 전혀 그런 것이 아닙니다.

"적당하게란 말은 '유스케모노스', 즉 '조화 있게'란 뜻입니다. 또 '질서대로'란 말은 '순서대로'란 뜻입니다.

2. 바울이 조화와 순서를 강조한 이유

(1) 서로 조화를 이룸

교회는 서로 생각이 다른 사람들끼리 모였기 때문입니다. 저는 가끔 쇼핑센터에 가보면서 많은 것을 배웁니다. 거기에는 별것들이 다 있습니다. 입는 것, 신는 것, 잠자는 것, 운동하는 것은 물론 심지어 강아지

나 쥐, 새, 물고기 등 수많은 것들을 팔고 있습니다. 그래서 쇼핑센터가
좋은 것은 한곳에 가면 모든 것을 살 수 있습니다. 상점들이 서로 조화
를 이루고 있습니다. 그래서 서로 도움을 받는 것입니다.

교회도 보면 직업도 가지각색인 사람들이 모였습니다. 그래서 보는
것이 다릅니다. 제가 전에 있었던 교회에는 이발사 직업을 가진 분들이
있었는데 항상 제 머리만 봅니다. 스타일이 어떠니, 깎을 때가 되었다
느니 그래서 그분이 집에 와서 깎아주었습니다. 또 어떤 집사님은 신발
장수였는데 항상 저의 신발만 체크합니다.

직업이 다르면 생각이 다릅니다. 그런데 이들이 서로 돕고, 조화를
이루고, 협력하면 세상에 무서울 것이 없습니다. 그러나 자기가 보는
것만 고집하면 세상에 아무것도 될 일이 없습니다.

그러므로 우리가 의견을 달리할 때에는 기도해보고 말해야 합니다.
하나님의 뜻이 아닐 때 반대하고, 수정하고 해야지 자기의 생각을 중심
으로 말하면 그것은 신앙이 아닙니다.

(2) 조화를 이루어야

그러면 우리가 어떻게 조화를 이루어야 하는가?

첫째는 하나님의 뜻과 조화를 이루어야 합니다.

둘째는 교회와 조화를 이루어야 합니다.

셋째는 이웃과 조화를 이루어야 합니다.

이 순서가 바뀌면 안 됩니다.

(3) 순서대로 해야

모든 것은 순서대로 해야 합니다.

순서는 첫째가 예수님이고, 둘째는 타인들이고, 셋째는 나 자신이어
야 합니다. 이것을 영어로 쓰면 JOY(Jesus, Others, Yourself)란 말이

됩니다. 그러나 우리는 이와는 반대로 내가 항상 중심이고, 예수님이나 남들은 언제나 주변에 두는 경향이 있습니다.

다시 말하면 '우선순위'를 바로 두라는 말씀입니다.

3. 조화의 순서

조화와 순서를 바로 하면?

첫째는 하나님께 영광이 되고,

둘째는 아름다운 멜로디를 통해서 교회의 메시지가 바로 전달되고,

셋째는 우리 자신이 항상 즐거운 삶을 살게 됩니다.

우리의 염려와 걱정은 조화와 순서를 잃는 데서 비롯되기 때문입니다. 이런 조화와 순서가 바로 되는 삶이 되기를 축원합니다.

모든 것이 다 하나님의 손에 있다

(전9:1)

1. 신앙생활의 시작

신앙생활의 시작은 모든 것이 다 하나님의 손 안에 있다는 것을 깨달을 때부터 시작됩니다.

내가 모든 것을 할 수 있다는 것이 바로 인본주의이고, 모든 것이 다 하나님의 손 안에 있다고 믿고, 하나님의 중심으로 사는 것이 바로 신본주의입니다. 과연 우리의 신앙은 어떤 것입니까?

2. 하나님의 손 안에 있음

무엇이 하나님의 손 안에 있나요?

(1) 미래가 하나님의 손 안에

우리의 미래가 하나님의 손 안에 있습니다. 시간은 하나님께서 창조했습니다. 과거와 현재와 미래가 다 하나님께서 만드신 것이기 때문에 하나님만이 시간의 밖에 계십니다. 따라서 과거는 물론 현재와 미래가 다 하나님의 손 안에 있습니다. 나의 장래도 우리의 자녀들의 장래도 다 하나님의 손 안에 있습니다.

(2) 성공과 실패도 하나님의 손 안에

우리의 성공과 실패가 다 하나님의 손 안에 있습니다.

우리의 성공이 내 손 안에 있는 것이 아니라 하나님의 손 안에 있습니다. 결국 하나님께서 은혜를 주셔야 우리는 성공할 수 있습니다. 그래서 시편 127:1절에 보면 "여호와께서 집을 세우지 아니하시면 세우는 자의 수고가 헛되며"라고 했습니다.

(3) 행복과 불행이 하나님의 손 안에

우리의 행복과 불행이 다 하나님의 손 안에 있습니다.

인간의 행복이란 것은 아주 간단한 것입니다. 하나님이 함께 계시면 행복하고 하나님이 함께 계시지 않으면 불행한 것입니다. 우리는 돈이 많고, 지위가 높고, 사회에서 성공하면 그것이 행복이라고 착각합니다. 그러나 행복과 불행이란 그런 것이 아닙니다. 행복과 불행은 외적인 것보다는 내적인 것에 더 의존하기 때문입니다.

(4) 구원과 심판도 하나님의 손 안에

우리의 구원과 심판이 다 하나님의 손 안에 있습니다.

구원은 하나님의 은혜로 되는 것입니다. 우리의 행함과는 아무런 관계가 없습니다. 따라서 우리의 구원과 심판이 바로 하나님의 손 안에 있는 것입니다.

(5) 성취도 하나님의 손 안에

우리의 성취도 다 하나님의 손 안에 있습니다.

빌 4:13절에 "내게 능력 주시는 자 안에서 내가 모든 것을 할 수 있느니라"고 했습니다. 하나님 없는 성취는 잠정적인 것입니다. 영원한 것이 아닙니다. 그러므로 우리의 성취도 다 하나님의 손 안에 있습니다.

3. 우리는 어떻게 살아야 하는가?

(1) 여호와의 능하심을 믿어야

무엇보다도 먼저 여호와의 손의 능하심을 믿어야 합니다.

왜냐하면 여호수아 4:24절 "이는 땅의 모든 백성으로 여호와의 손이 능하심을 알게 하며 너희로 너희 하나님 여호와를 영원토록 경외하게 하려 하심이라"고 했기 때문입니다. 사실 세상의 모든 것은 다 하나님의 손으로 만드신 것입니다.

(2) 하나님만 바라고 살아야

시편 42:5절에 "너는 하나님을 바라라. 그 얼굴의 도우심을 인하여 내가 오히려 찬송하리로다"고 했습니다. 우리는 지금도 하나님께서 그의 오른손 안에 저와 여러분들을 보호하시고, 인도하시고, 축복하시고 있는 것입니다.

(3) 하나님만 사랑하고 살아야

하나님만을 사랑하며 살아야 합니다.

마 22:37절에 "네 마음을 다하고, 목숨을 다하고, 뜻을 다하여 주 너의 하나님을 사랑하라 하였으니"라고 했습니다.

(4) 내 손에서 빼앗을 자가 없느니라

요 10:28절에서 주님은 "내가 저희에게 영생을 주노니 영원히 멸망치 아니할 터이요 또 저희를 내 손에서 빼앗을 자가 없느니라"고 했습니다. 그러므로 우리는 우리가 주님의 손 안에 있다는 확신을 가지고 살아야 합니다.

모세의 기도

(출5:10-23)

1. 참 기도는 어떤 기도인가?

(1) 고난 속에서 하는 기도

고난 속에서 외치는 기도는 참 기도입니다.

(2) 미사여구 아닌 기도

미사여구를 생각하면서 하는 기도는 기도가 아니라 샘물처럼 터져 나오는 기도가 참 기도입니다.

(3) 응답을 기다리는 기도

응답을 기다리는 기도가 참 기도입니다

2. 모세의 기도

모세의 기도는 주로 하나님께 묻는 기도였습니다. 그것은 기도에서 하나님의 응답을 기다리고 있었기 때문입니다.

(1) 유다 백성이 학대받는 이유를 물음

22절에 보면 유다 백성들이 학대를 당하는 이유를 하나님께 물었습니다. 이처럼 기도는 사정을 하나님께 아뢰는 것입니다. 학대의 이유는 오직 하나님만이 아십니다. 사실 그때 애굽의 학대가 없었다면 유대인들은 출애굽을 원치 않았을 수도 있습니다.

(2) 사명을 물음

모세는 사명이 무엇인가를 물었습니다.

사람은 자기가 무엇을 해야 할지 모를 때가 있습니다. 그러므로 우선 순위를 모르고 삽니다.

(3) 사정을 보고하는 기도

23절에 보면 바로의 학대의 사정을 하나님께 아뢰었습니다.

현황을 보고 하는 것은 기도의 의무입니다. 하나님은 다 아시지만 그러나 하나님께서는 우리가 현황에 대하여 보고 하기를 원하십니다.

(4) 하나님의 섭리를 물음

모세는 하나님께서 그의 백성들을 구원치 않고, 그냥 내버려 두는 이유를 하나님께 물었습니다.

하나님의 섭리가 무엇인지, 하나님의 뜻이 무엇인지를 물었던 것입니다. 이것이 바로 모세의 기도의 내용입니다.

3. 하나님의 응답

6:1절에 보면 하나님께서 모세에게 즉각적으로 응답하신 것을 볼 수 있습니다. "여호와께서 모세에게 이르시되" 하고 시작합니다. 이것이 참 기도입니다. 그러므로 참 기도는 응답을 기다리는 기도입니다. 기도는 단순히 속 시원하라고 하는 것이 아닙니다. 하나님께서 이루어 주시겠다고 약속한 그 언약에 근거해서 청구서를 제출하는 것입니다.

참고할 것은 기도응답의 주권은 하나님께 있습니다. 내가 원하는 내용과 방법이 아니라 하나님께서 원하시는 시간과 장소와 방법이 있는 것입니다. 대체적으로는 하나님께서 3가지로 응답하십니다.

'YES, WAIT, NO'입니다. 그런데 'NO'는 응답이 아니라고 생각하면 안 됩니다. 하나님께서는 'NO'라고 응답하신 것이기 때문입니다.

모세의 부정적인 믿음

(출6:9-13)

1. 모세의 부정적인 믿음은 어떤 것이었나?

12절에 자세히 나옵니다.

(1) 바로가 어찌 듣겠는가?

"이스라엘 자손도 나를 듣지 아니 하였거든 바로가 어찌 들으리이까"(12절).

여기서 모세의 문제점은 무엇인지 알아야 합니다.

모세는 인간의 마음을 감동케도 하고, 강퍅하게도 하는 것이 하나님의 역사란 사실을 깨닫지 못했다는 점입니다. 물론 하나님께서 바로의 마음을 바로 순종케도 할 수 있었습니다.

그러나 그런 경우 바로를 테스트할 수 있는 기회가 없습니다. 더구나 이스라엘 백성들은 그것을 우연으로 생각할 수도 있고, 바로가 정치적인 이유로 그렇게 했을 것이라고 생각할 수도 있었기 때문에 하나님께서는 그렇게 하지 않았습니다. 하나님께서는 출애굽이 하나님의 은혜란 것을 역사에 남기기를 원했습니다.

(2) 입이 둔한 자

12절, "나는 입이 둔한 자니이다."

솔직히 모세는 말에 능한 자가 아니었습니다. 그러나 알아야 할 것은 입을 지으신 분이 하나님이란 사실입니다. 그럼에도 하나님께서 사용하실 때에는 그 결과도 하나님께서 책임지신다는 점입니다. 중요한 것은 하나님의 일은 나의 능력이 아니라 하나님의 은혜로 감당하는 것입니다.

사도 바울도 자신은 글에는 능하나 말에는 졸하다고 하였습니다. 그런데도 하나님께서 함께하시고 능력을 주셔서 맡겨주신 복음 사역을 능히 감당하였습니다. 바울은 그것이 하나님의 은혜의 결과인 것을 고백하였습니다.

2. 어떤 믿음을 가져야 하는가?

(1) 하나님은 하신다는 믿음

나는 할 수 없지만 그러나 하나님께서는 능하게 하시는 분이란 것을 믿어야 합니다.

빌 4:13절에 "내게 능력주시는 자 안에서 내가 모든 것을 할 수 있느니라"고 한 것을 그대로 받아들여야 합니다.

나는 단순히 하나님의 도구이기 때문에 그저 쓰임만 받고, 그 결과는 다 하나님께 내어맡기는 믿음을 가져야 합니다.

(2) 사랑과 은혜를 믿고 따름

하나님의 사랑과 은혜를 믿고 따르는 성도가 되어야 합니다.

믿음이란 꼭 붙드는 것, 내어맡기는 것, 순종하고 헌신하는 것입니다.

(3) 부정적 긍정

참 믿음은 부정적 긍정입니다.

나는 할 수 없지만 하나님께서 하게 하신다는 믿음이 참 믿음입니다.

모세의 어린 시절

(출2:1-10)

1. 모세의 출생(주전 1526)

1절에 보면 모세는 아버지가 고핫 자손, 어머니는 레위지파에 속해 있다고 했습니다. 이것은 신앙적인 면에서 대단히 중요한 의미를 가집니다. 왜냐하면 고핫 자손과 레위지파는 하나님께서 특별히 그의 사역을 위해서 택한 지파이기 때문입니다. 인간에게 만남은 대단히 중요합니다. 특히 어떤 부모에게서 신앙의 유산을 받았느냐는 것은 가장 중요한 만남이기 때문입니다. 부모는 꼭 부자여야 하지도 않고 지식이 많아야 하는 것도 아닙니다. 그러나 신앙이 그 무엇으로도 바꿀 수 없는 유산입니다.

2. 부모의 신앙

부모의 신앙이 자녀에게 미치는 영향은 대단히 큽니다. 잠 22:6절에 "마땅히 행할 길을 아이에게 가르치라. 그리하면 늙어도 그것을 떠나지 아니하리라"고 했는데 아이의 최고의 교사는 어머니입니다. 그런 점에서 모세는 어머니 요게벳(출6:20)의 신앙을 인수받은 것이 큰 축복이었습니다.

물론 그것은 불과 석 달간이었습니다. 더구나 모세의 아버지 아무람은 고핫 자손에 속한 가문이기 때문입니다. 그러나 그 후에 유모로서 모세를 자랄 때까지 키우게 된 것은 하나님의 놀라운 축복이었습니다. 게다가 누이인 미리암과 형인 아론은 후에 모세에게 큰 도움을 주었습니다. 우리들은 자녀들에게 다른 것은 몰라도 신앙만은 바로 유산으로 전달할 수 있어야 합니다.

딤후 1장에 보면 디모데는 외조모 로이스와 어머니 유니게를 통해서 신앙의 유산을 받은 사람이라고 했습니다(1:5). 물론 디모데는 바울을 통해서 많은 것을 배웠습니다. 그러나 인간에게 중요한 것은 기본입니다. 이것은 부모만이 줄 수 있습니다. 여러분들은 무엇을 자녀들에게 주시겠습니까? 자녀들은 부모의 말보다 행동을 통해서 더 많이 배운다는 것을 잊지 마시기 바랍니다.

3. 모세의 성장과정

9절에 보면 모세의 성장과정이 나옵니다. "바로의 딸이 그에게 이르되 이 아이를 데려다가 나를 위하여 젖을 먹이라. 내가 그 삯을 주리라. 여인이 아이를 데려다가 젖을 먹이더니"라고 했습니다. 우리 어머니들은 자기 아들을 키우면서 월급을 받은 사람은 없을 것입니다.

그러나 모세의 어머니 요게벳은 모세를 키우면서 바로의 딸로부터 월급을 또박또박 받았으니 참 묘한 생을 살았던 사람입니다. 모세는,

첫째로 애굽의 궁중에 있으면서 정치, 경제, 문화, 언어, 철학 등 수많은 것을 배워 지도자로서 꼭 필요한 지식의 소유자가 되었습니다.

둘째로 모세는 어머니를 통해서 신앙교육을 받았습니다.

셋째로 모세는 이드로의 양을 치면서 겸손 공부를 했습니다.

이 겸손은 지도자로서 가장 소중한 자산입니다. 왜냐하면 지도자는 그릇이 커야 하기 때문입니다. 무엇이 그릇입니까? 바로 겸손입니다.

4. 하나님께 쓰임 받은 모세

이 세상에는 지식도 많고, 인격도 훌륭하지만 하나님께 쓰임 받지 못한 사람들이 많습니다. 그런데 모세는 하나님의 예정과 섭리 가운데 하나님께 쓰임 받게 되었습니다. 그것을 우리는 하나님의 은혜라고 말합니다. 이것이 가장 중요합니다.

모압의 절망

(사16:1-14)

1. 모압은 어떤 곳인가?

1절에 나오는 '셀라'는 모압의 동맹국인 에돔의 수도를 말합니다. 에돔은 에서의 후손들입니다. 신약시대에는 이두매(팔레스틴 남부지방. 막3:8)라고 불렀습니다. 에돔은 산으로 둘러싸인 천연요새 지역입니다. 이곳에 페드라의 도시가 있습니다. 문제는 모압이 앗수르에게 망하게 되자 이들이 하나님을 의지하지 않고 천연요새 지역인 셀라를 더 의지했다는 점입니다.

그러나 이사야 선지자는 모압 백성들을 향해 어린 양들을 시온산으로 보내라고 말합니다. 이것은 왕하 3:4절에서 볼 수 있듯이 모압 왕 메사가 이스라엘 왕에게 조공을 바치듯이 모압 양들을 보내라는 뜻입니다. 다시 말하면 우리의 참 피난처는 페트라가 아니라 영원한 반석이신 하나님을 의지해야 한다는 뜻입니다. '시온 산'은 예루살렘을 뜻하는 말입니다.

이 말씀이 주는 교훈은 무엇인가요?

"너희는"이란 말은 모압 백성들에게 주신 말씀입니다.

왜 이 말씀을 주셨을까요?

그것은 그들에게 구원을 받을 수 있는 기회를 주시기 위해서입니다.

이스라엘의 원수인 모압에게 구원을 주시기 위해서 주신 놀라운 말씀인 것입니다.

2절에 나오는 '아르논'은 모압과 암몬 국경지대에 있는 급히 흐르는 강입니다. 모압의 운명을 2절에서는 "떠다니는 새 같고" "보금자리에서 흩어진 새 새끼 같을 것이라"고 했습니다. 이 말은 이들이 있을 곳이 없다는 뜻입니다.

3-4절에서 "쫓겨난 자들을 숨기며"(3절), "쫓겨난 자들이 너와 함께 있게 하되"(4절)라고 한 것은 무슨 뜻인가요? 또 "그들에게 피할 곳이 되게 하라"는 말은 무슨 뜻인가요?

이것은 "모압의 쫓겨난 자들로 하여금 너(유다)와 함께 있게 하라"는 뜻입니다. 유다 백성들에게 애원한 말씀입니다. "피할 곳이 되라"고 했습니다. 4절에 "멸절하는 자"란 앗수르를 말하며 그들에게 쫓겨나는 모압의 피할 곳이 되게 하라는 뜻입니다. 이 말씀은 오늘의 우리에게 해야 할 사명이 무엇인가를 말해줍니다. 피할 곳이 되게 하라는 것입니다. 그러나 참 피할 곳은 예수 그리스도뿐입니다.

"여호와는 나의 방패시오 나의 피난처시요(시46:1)"라고 했습니다.

5절에 기록된 보좌(다윗의 장막의 왕위)는 누구의 보좌인가요?(사 9:7: 눅 1:30-33: 왕상 2:12: 대상 29:23).

"그 위에 앉을 자"는 충실함으로 판결하며 공평을 구하며 의를 신속히 행하리라. 7절에 보면 "또 다윗의 위에 앉아서 그 나라를 굳게 세우고, 지금 이후로 영원토록 공평과 정의로 그것을 보존하실 것이라. 만군의 여호와의 열심히 이를 이루시리라"

이 구절은 보좌에 앉으실 분을 만왕의 왕이신 메시아를 언급한 것입니다.

2. 모압에게 내린 하나님의 심판

심판의 이유는 교만이었습니다.

6절에 "우리가 모압의 교만을 들었나니 심히 교만하도다." 죄 중에 가장 무서운 죄는 교만의 죄입니다.

그러면 왜 교만하였나요?

6-7절에 보면 농작물의 소출과 12절에 보면 풍요로운 '그모그' 신을 의지하였기 때문입니다. 간단히 말하면 돈 좀 있다고 교만한 것입니다. 그러나 성경은 말합니다. "그(모압)의 자랑(과장)도 헛되도다"고 하였습니다.

왜 헛되다고 했나요?

하나님께서 그들의 자랑감인 농작물을 치시고(8절) 산당을 쓸모없게 만드시기 때문입니다.

9절에 보면 "네 농작물에 즐거운 소리가 그쳤도다"라고 했습니다.

10절에는 "즐거움과 기쁨이 기름진 밭에서 떠났고, 포도원에는 노래와 즐거운 소리가 없어지겠고 틀에는 포도를 밟을 사람이 없으리니"라고 했기 때문입니다.

어떻게 산당을 치셨는가?

12절에 보면 앗수르의 다가올 침략을 묘사합니다.

"모압이 산당에서 피곤하도록 봉사하며 자기 성소에 나아가서 기도할지라도 소용없으리로다."

14절에는 하나님의 심판의 내용이 나옵니다.

"이제 여호와께서 말씀하여 이르시되 품꾼의 정한 해와 같이 삼년 내에 모압의 영화와 그 큰 무리가 능욕을 당할지라. 그 남은 수가 심히 적어 보잘 것 없이 되리라 하시도다."라고 하였습니다.

목회자의 심정

(고후11:1-9)

1. 바울의 기대

바울은 고린도교회 성도들이 그의 뜻을 이해해주기를 바랐습니다(1절).

교인들이 목회자를 이해하지 못하면 신앙생활하기가 참 힘이 듭니다. 부부간에도 서로 이해하지 못하면 함께 살 수가 없습니다. 그러므로 제가 여러분들을 이해하려고 애쓰듯이 여러분들은 저의 목회철학을 이해하고, 저의 단점을 이해하고, 여러분들에 대한 저의 심정을 이해하여 주기를 바랍니다.

2. 중매쟁이의 심정으로

바울은 중매쟁이의 심정으로 성도들이 그리스도와 깊이 맺어지기를 바랐습니다(2절).

가끔 목회자들 가운데는 자신이 양의 주인으로 착각하는 경우가 있습니다. 저는 그렇게 하기에는 제가 성경을 깊이 연구하고 있고 알고 있습니다. 그래서 그렇게 할 수가 없습니다. 저는 다만 중매쟁이처럼 중간에서 여러분들을 주님과 연결되도록 일하는 사람일 뿐입니다.

3. 바울의 두려움

바울의 두려움은 성도들이 떠나는 것과 성도들이 부패되는 것이었습니다(3절).

그 내용이 4절에 잘 나옵니다. 다른 예수, 다른 영, 다른 복음을 따라가는 것입니다. 제게도 두려움이 있습니다. 그것은 여러분들이 교회를 떠나는 것은 아닙니다. 다른 좋은 교회로 간다면 언제든지 오케이입니다.

그러나 다른 교회 간다고 떠났다가 거기서도 머물지 못하고, 방황하는 것을 두려워합니다. 믿음을 떠나는 것을 두려워합니다. 왜냐하면 저는 여러분들을 내 개인의 양으로 생각한 적이 없기 때문입니다. 주님의 양이고, 저는 임기 동안 생명 다해 충성하고 봉사하면 되는 것입니다.

4. 누를 끼치지 않으려고 노력

바울은 교인들에게 누를 끼치지 않으려고 노력했습니다(9절상).

저도 교인들에게 누를 끼치지 않기를 바라고 있습니다. 여러분들이 저는 어느 교회에 다닙니다. 담임 목사님은 누구입니다 라고 했을 때, 다른 교인들이 그 사람 엉터리요 실력이 없어요, 은혜가 없어요 하는 그런 욕을 먹지 않기를 바랍니다. 반대로 여러분들이 저의 이름을 대었을 때, 아 그래요 참 복이 있으시군요. 어떻게 그런 분이 그런 작은 교회에 가서 있습니까? 정말 뜻밖입니다 라는 말을 듣고 싶습니다.

5. 바울은 매사 조심

고전 8:9절에서 "거치는 것이 되지 않도록 조심하라."고 했고, 10:12절에서 "그런즉 선 줄로 생각하는 자는 넘어질까 조심하라"고 했습니다. 우리 교인들 가운데 가장 답답한 것은 남들이 자기를 어떻게 생각하고 보는가에 대해 무관심한 점입니다. 주변에 아첨하는 소리만 듣고, 자기 때문에 교회를 떠나는 경우가 있는데도 모르고 있을 때는 정말 괴롭습니다. 그러므로 우리는 항상 스스로 조심하기를 축원합니다.

무릇 살아서 나를 믿는 자는

(요11:17-37)

1. 죽음에 대한 4가지의 견해

요한복음 11장에 기록된 죽음에 대한 4가지의 견해를 살펴보겠습니다.

(1) 유대인들의 견해

37절에서 "소경의 눈을 뜨게 한 이 사람이 그 사람을 죽지 않게 할 수 없었더냐?" 이들은 소경의 눈을 뜨게는 하지만 죽은 사람을 다시 살리지는 못한다는 견해였습니다. 그래서 함께 애곡하였다고 했습니다.

(2) 마르다의 견해

마르다는 마리아보다 훨씬 더 활동적인 성격의 소유자였습니다. 27절에 보면 예수님을 하나님의 아들이라고 믿었습니다. 21절에서는 "주께서 여기 계셨더라면 내 오라비가 죽지 아니 하였겠나이다"라고 했습니다. 그녀는 부활에 관한 일반적인 것은 받아들이고 있으나, 그러나 개인적인 신앙이 되지는 못하고 있다는 말입니다. 즉 부활은 마지막 날에만 가능하다고 믿고 있는 것입니다.

마르다는 기도의 능력도, 부활도 믿지만 그 때와 장소는 제한하고 있는 것입니다. 이런 경우에는 형식적인 믿음이 되고, 능력이 없고, 살아 움직이지 못하는 믿음이 되는 것입니다.

(3) 마리아의 견해

누가복음에 보면 마리아는 마르다보다 주님의 마음에 더 합한 믿음의 소유자였습니다. 그녀는 급히 일어나 예수께로 나아갔고, 그의 발아래 엎드렸다고 했습니다. 이것은 행하는 믿음, 메시아 신앙을 가지고 있었다는 뜻입니다. 그녀는 예수님에게 기름을 부을 때에도 발아래 엎드렸고, 주님을 영접하였을 때에도 발아래 엎드렸습니다. 이것은 전적인 헌신과 복종의 뜻이 있습니다. 이것이 마리아의 믿음입니다.

(4) 예수님의 견해

33절에 보면 "통분히 여기시고, 민망히 여기사"라고 했습니다. 예수님은 인간은 죽을 수밖에 없는 한계를 통분히 여기신 것입니다. 왜냐하면 죽음이란 죄 때문에 왔고, 이 모든 것은 악한 영의 세력 때문에 오고 있기 때문이었습니다.

35절은 예수님의 인간적인 면을 가장 잘 나타내는 구절입니다. "예수께서 눈물을 흘리시더라"고 하였습니다.

2. 이것을 네가 믿느냐?

(1) 살아서 믿는 자

26절에 "무릇 살아서 나를 믿는 자는 영원히 죽지 아니하리니 이것을 네가 믿느냐"라고 질문하셨습니다. 본문에는 두 가지의 의미가 있다고 생각합니다.

첫째 개인적인 뜻이고, 개인적인 뜻이란 마르다가 예수님을 부활의 주요 생명의 주로 믿는다면 나사로가 다시 살아날 것이라는 뜻이고,

둘째 일반적인 뜻입니다. 일반적인 진리로서 예수님을 믿는 모든 성도들에게는 마지막 날에 다 부활하게 될 것이라는 뜻입니다.

(2) 이것을 네가 믿느냐?

본문에는 마르다와 마리아는 계속해서 '내가 아나이다'라고 했는데 그 뜻은 지적으로 안다는 말입니다. 다시 말하면 보편적인 진리로 받아들인다는 것입니다. 그러나 중요한 것은 내가 믿어야 합니다. 남이 무엇이라고 하든지 내가 믿으면 역사가 나타나고 능력이 나타나기 때문에 믿음이란 개인적인 믿음으로 받아들여야 합니다.

내가 믿는 신앙이 되어야 우리의 믿음이 보다 생기 있고, 능력 있고, 활성화 될 수 있습니다. 지적인 믿음에 멈추면 아무 능력이 없고, 행함이 없는 믿음이 되어서 죽은 믿음과 같습니다.

무지에 대한 경고

(잠30:18-20)

1. 무지는 치명적인 악

이 세상에는 인간이 알 수 없는 것들이 너무도 많다는 것을 알라는 것입니다. 그런데 이 무지는 치명적인 악입니다. 인생을 어둡게 하고, 이성을 어지럽게 하고, 진실을 혼란시키기 때문입니다. 그러므로 우리는 배워야 합니다.

현상 세계의 문제도 배워야 하지만 더욱이 영적 세계에 대해서는 배워야 합니다.

교회에 오랫동안 나오시는 분들은 교회에 대해서 대단히 익숙합니다. 그러나 익숙한 것이 영적 깊이와는 전혀 관계가 없습니다. 오히려 익숙하기 때문에 더 깊이 못 가는 경우를 많이 보게 됩니다. 주님은 베드로에게 "저 깊은 곳으로 가서 그물을 던지라"고 했습니다. 그 깊이가 지금 우리들에게 필요합니다. 그렇지 않으면 영적 소경이 될 수밖에 없습니다.

그러므로 가장 중요한 것은 하나님을 알지 못하는 무지입니다. 렘 4:22절에서 이렇게 말씀했습니다.

"내 백성은 나를 알지 못하는 우준한 자요 지각이 없는 미련한 자식이라. 악을 행하기에는 지각이 있으나 선을 행하기에는 무지하니라."

그래서 하나님께서는 우리들에게 잠언이란 책을 주셔서 무지에서 벗어나게 하였습니다.

잠언 1:7절에 말씀했습니다. "여호와를 경외하는 것이 지식의 근본이어늘 미련한 자는 지혜와 훈계를 멸시하느니라."

2. 무지는 아무 문제도 해결 못함

무지한 자는 어떤 문제도 해결할 수 없습니다. 빈 자루는 똑바로 서지 못하듯이 무지하여 아는 것이 없으면 똑바로 설 수 없습니다. 똑바로 서지 못하면서 문제를 해결할 수 없습니다.

여기서 여호와를 경외하는 것이 지식의 근본이라고 했는데 그러면 어떻게 하는 것이 여호와를 경외하는 것입니까?

여호와를 경외한다는 말은

첫째는 여호와를 믿는다는 뜻입니다. 여호와를 의지한다는 말입니다.

둘째는 여호와를 사랑한다는 뜻입니다.

셋째는 여호와를 경외한다는 말은 여호와를 존귀히 여긴다는 말입니다. 그러므로 여호와를 경외하는 사람의 특징은 오직 그의 영광만을 나타내려고 합니다.

이것이 우리들이 지혜의 책인 잠언을 통해서 배워야 할 점입니다.

3. 더 풍성한 삶을 살게 하려함

물론 우리가 지금 아는 것으로도 사는데 지장이 되는 것은 아닙니다만, 그러나 그것만으로는 더 풍성한 삶을 살 수가 없습니다. 왜 주님이 이 세상에 오셨습니까? 그것은 더 풍성한 삶을 살게 하려고 오신 것입니다.

그러므로 항상 마음을 열고 배우는 자세를 가져야 폭 넓은 인생을 살 수 있습니다.

　　소라나 조개를 보면 참 한심하게 보입니다. 그러나 소라와 조개는 자기가 갇혀 있는 것을 모르고 삽니다. 으레 그것이 팔자라고 생각합니다. 그러므로 우리는 편견을 버리고, 고정관념을 버리고, 마음의 문을 열고 살면 하나님이 우리들에게 주신 축복이 너무도 큰 것을 깨닫게 됩니다. 감사가 저절로 나옵니다. 그러므로 오늘도 마음 문 열고서 사는 하루가 되기를 축원합니다.

문이 열렸을 때

(고후2:12-17)

이 세상에는 여러 가지의 문이 있습니다. 이 문에는 축복의 문도 있고 저주의 문도 있습니다. 생명의 문도 있고 사망의 문도 있습니다. 그러므로 우리는 항상 기도하고, 생각하고, 살펴본 다음에 그 문으로 들어가야 합니다.

여기서 우리는 바울에게 문이 열렸을 때 어떻게 하였는가를 살펴볼 필요가 있습니다. 먼저 문이 무엇인가를 상고해 보겠습니다.

1. 나는 양의 문

요 10:7절에 보면 "나는 양의 문이라"고 했고, 9절에서는 이런 말씀을 했습니다.

"내가 문이니 누구든지 나로 말미암아 들어가면 구원을 얻고, 또는 들어가며 나오며 꼴을 얻으리라"(10:9). 다시 말하면 예수님은 천국의 문이요, 구원의 문이요, 성공의 문이요, 축복의 문이요 가장 중요한 것은 하나님을 만나는 유일한 문이란 점입니다.

2. 전도의 문

어떤 일을 계획하고 하려고 할 때에 바울의 경우처럼 문은 열렸으나 들어가지 않는 경우가 있습니다. 바울이 말하는 문은 전도의 문이었습니다. 처음 바울은 에베소를 떠나 드로아에서 디도를 만나기를 원했습니다. 그런데 거기서 그를 만나지 못했습니다. 그래서 바울은 마게도냐로 갔다고 했습니다. 왜 바울은 드로아에 전도의 문이 열렸는데 들어가지 않았습니까? 물론 바울에게 전도의 문은 중요한 문이었습니다.

그러나 더 중요한 것은 그의 후계자 중에 하나인 디도를 만나는 일이었습니다. 우리가 디도서를 보면 디도가 바울에게 있어서 얼마나 중요한 인물이었는가를 알 수 있습니다. 당시 바울은 그레데 섬에서 전도하여 교회를 조직했습니다. 그것을 디도에게 맡겼습니다.

불행하게도 그레데 교회에는 유대교에서 들어온 이단이 교회를 소란케 하고 있었습니다. 바울은 이런 어려운 사정 속에서 목회를 하고 있는 디도를 위로하고, 목회의 지침을 주기를 원했습니다.

물론 전도하는 것도 중요합니다. 그러나 이미 뿌린 씨가 잘 자라도록 하는 것은 더 중요한 일이었습니다. 여기서 우리는 바울의 우선순위를 알 수 있습니다.

3. 문이 열렸을 때

그러므로 우리들에게 문이 열렸을 때, 하나님의 뜻이 무엇인가? 어떻게 하는 것이 하나님께 영광이 되는가? 남들에게 더 많은 유익을 줄 수 있는 것은 무엇인가? 등을 살펴서 그 문으로 들어가야 성공합니다. 문이 열리는 것은 하나님의 뜻일 때도 있지만 사탄이 문을 열고 우리를 유혹하는 경우도 있습니다. 그러므로 우리는 그 열린 문이 하나님께서 주신 기회인가를 먼저 확인해야 합니다.

이때 우선순위를 정할 때의 원리는

(1) 하나님의 뜻인가?

(2) 하나님께 영광이 되는가?(이중잣대)

(3) 남들에게 유익을 주는 것이 무엇인가를 살피는 것입니다.

4. 좁은 문

끝으로 마 7:13-14절의 말씀을 기억할 수 있기를 바랍니다. "좁은 문으로 들어가라. 멸망으로 인도하는 문은 크고 그 길이 넓어 그리로 들어가는 자가 많고, 생명으로 인도하는 문은 좁고 길이 협착하여 찾는 이가 적음이니라."

진리의 문은 항상 소수입니다. 천국의 문도 항상 소수입니다. 왜냐하면 인간의 눈으로 볼 때에 그 문은 손해가 많고, 이익이 적다고 느껴지기 때문입니다. 그러므로 우리는 항상 영의 눈으로 보아야 합니다, 하나님의 입장에서 살펴보아야 합니다. 주님이 나와 같은 자리에 있다면 어떻게 결정할까를 생각하고 선택해야 합니다.

결국 모든 것은 선택을 바로 할 때 성공과 실패, 축복과 저주가 결정되기 때문입니다.

미련한 자에게는

(잠26:1-12)

"여우하고는 같이 살아도 곰하고는 같이 못 산다"는 말이 있습니다. 오늘은 곰처럼 미련한 자에 대해서 살펴보면서 우리의 삶 속에 미련한 면이 없기를 주님의 이름으로 축원합니다.

1. 왜 미련해서는 안 되는가?

(1) 미련한 자에게는 영예가 없음

1절에 보면 "미련한 자에게는 영예가 적당하지 아니하니"라고 했습니다. 그것을 마치 여름에 눈 오는 것과 같고, 추수 때 비 오는 것과 같다고 비유했습니다. 다시 말하면 미련한 자에게는 영예가 없다는 뜻입니다.

(2) 미련한 자에게는 매가 따름

3절에서는 "미련한 자의 등에는 막대기니라"고 했습니다. 그것은 말에게 채찍을 가하고, 나귀에게 재갈을 먹이는 것이 필요한 것과 같다고 비유했습니다. 미련한 자에게는 매가 꼭 있어야 한다는 뜻입니다. 얼마나 두려운 말씀입니까?

(3) 미련한 사람이 어리석은 말을 할 때

4-5절은 좀 이해가 잘 가지 않는 구절입니다.

4절의 말씀은 미련한 사람이 어리석은 말을 할 때에는 대답하지 말라는 것입니다. 왜냐하면 똑같은 사람이 되기 때문입니다. 그런데 5절의 말씀은 마치 정반대의 말씀을 하는 것 같아서 좀 혼동이 됩니다. 그래서 정경과정에서 이 구절이 문제가 되었습니다. 심지어 랍비들도 이 구절들을 서로 모순이 된다고 지적을 하였습니다. 그러나 자세히 살펴보면 그렇지 않습니다. 먼저 본문의 내용은 미련한 사람이 어리석은 말을 할 때에는 같은 말로 대응하라는 것입니다. 그렇지 않으면 자기가 지혜로운 줄로 착각한다는 것입니다. 그러면 어떻게 하라는 것입니까? 대답하라는 것입니까? 하지 말라는 것입니까? 요컨대 경우에 따라 대답하기도 하고 안 하기도 하라는 것입니다. 이것은 우리는 항상 균형 있는 자세를 취할 것을 말씀한 것입니다. 때로는 침묵하기도 하고, 때로는 대답하기도 하라는 것입니다. 이것은 미련한 사람들에게는 불가능한 일입니다. 오직 지혜 있는 사람이 할 수 있는 행동 철학입니다.

(4) 미련한 자는 실수를 거듭함

오늘의 요절은 11절입니다.

"개가 그 토한 것을 도로 먹는 것 같이 미련한 자는 그 한 것을 거듭 행하느니라." 왜냐하면 미련한 자는 깨달음이 없기 때문에 자기가 하는 일이 잘못된 것을 모르니까 반복한다는 것입니다. 그러므로 미련한 사람이 되지 말아야 합니다.

(5) 지혜로운 자와 미련한 자

12절은 정말 또 한 번 혼동을 주고 있습니다. 지혜롭게 여기는 자보다 미련한 자에게 오히려 소망이 있고, 바랄 것이 있다는 것입니다. 무슨 말입니까? 지혜롭지도 않은데 스스로 지혜롭다고 여기는 사람에게는 변화가 불가능합니다. 그러나 미련한 사람에게는 깨달음만 있으면 변화의 가능성이 있기 때문에 오히려 소망이 있다는 말입니다. 여기서 우리는 소크라테스의 "네 자신을 알라"는 말을 생각하지 않을 수 없습니다. 자신의 무지함과 미련함을 깨달을 때 새로운 시작을 할 수 있습니다. 그러나 자기가 지혜로운 줄 착각하고 있는 사람은 미련한 사람보다 더 변화의 가능성이 없다는 것입니다.

오늘의 본문이 우리들에게 주는 교훈이 무엇입니까?

첫째로 미련한 사람이 되지 말라. 미련한 사람들은 자신의 잘못을 반복합니다. 따라서 그들의 삶에는 항상 몽둥이가 따라다닌다.

둘째로 지혜로운 자가 되려면 스스로 지혜롭다고 생각하지 말라. 착각하고 사는 사람들은 변화의 가능성이 희박하기 때문이라고 경고하고 있습니다. 그러므로 우리는 항상 자신을 살피는 우리들이 되기를 축원합니다.

바울의 큰 근심

(롬9:1-5)

본문 3절은 바울의 위대한 애국심을 보여줍니다.

"나의 형제, 곧 골육의 친척을 위하여 내 자신이 저주를 받아 그리스도에게서 끊어질지라도 원하는 바로다."

그리고 1절에서 바울이 가졌던 큰 근심의 내용과 함께 살펴봅니다.

1. 근심은 불신앙이 아니다

근심은 불신앙이 아닙니다. 왜냐하면 하나님의 뜻대로 하는 근심도 있기 때문입니다(고후7:8-11). 그러나 세상 근심은 우리들을 멸망으로 이끌고 갑니다(고후7:10).

바울의 큰 근심은 무엇이었을까요?

그것은 바로 '골육과 친척을 위한 것'이었습니다. 심지어 저주를 받아도 원하는 바라고 했습니다. 그것은 바로 민족의 복음화를 위한 것입니다.

다른 말로 하면 이것은 바울의 민족애요 애국심의 발로입니다. 이것은 모세의 중보기도(출32:1-34)와도 같은 것입니다.

참 신앙인은 자기 나라를 사랑합니다. 따라서 자기 나라를 사랑하지 않는 사람은 참으로 하나님의 나라를 사랑한다고 할 수 없습니다.

2. 무엇이 근심을 가져오는가?

많은 것이 있지만 그 중에서 9가지를 말씀드리면 이렇습니다.

(1) 죄

죄(시38:18)입니다. 죄는 하나님과 우리를 갈라놓기 때문에 고통 중의 고통입니다.

(2) 재앙

재앙(욥2:11-13)입니다.

재앙은 죄의 결과로 오는 것인데 재앙은 우리에게 고통을 줍니다.

(3) 우상

우상숭배(시16:4)입니다.

우상숭배는 죄 중에 가장 무서운 죄입니다. 하나님보다 더 사랑하는 것이 우상숭배이고, 골 3:5절에 "탐심은 우상숭배니라"고 했습니다.

(4) 고난

고통과 고난(시31:9)입니다.

고통과 고난은 우리들에게 근심을 가져다줍니다. 고통과 고난도 죄의 결과로 오는 경우도 있지만, 그러나 주님의 영광을 위한 경우도 있습니다. 그런 경우는 바로 영광의 보증수표입니다.

(5) 버림

버림당함(시54:6)입니다.

버림당함은 고통과 근심이 됩니다. 예수님께서 "엘리 엘리 라마 사박다니"라고 했을 때 얼마나 고통이 심했겠습니까? 하나님으로부터 버림을 당했기 때문입니다.

(6) 재물

재물(마19:22)입니다.

재물은 벌 때도 고통이지만 유지할 때도 고통과 고난이 심합니다.

(7) 일

과다한 많은 일(눅10:41)입니다.

많은 일은 우리에게 고통과 고난을 줍니다.

(8) 돈

돈 사랑(딤전6:10)입니다.

돈은 일만 악의 뿌리가 되기 때문입니다.

(9) 시험

시험(벧전1:6)입니다.

시험은 하나님이 주시는 것도 있지만 그 때에도 고통과 고난이 있습니다.

3. 근심에서 벗어나는 길

(1) 순복

하나님께 순복(빌4:6)하면 근심에서 벗어 날 수가 있습니다.

(2) 의뢰

주를 의뢰(시26:3)하면 힘이 되고 위로가 됩니다.

(3) 성령 안에서

성령 안에서의 생활(갈5:16-26)은 기쁨을 줍니다. 때로는 고통 속에서도 기쁨이 옵니다.

(4) 확신

확신을 버리지 않으면(히3:6) 됩니다.

(5) 주께 맡김

염려를 주께 맡길 때(벧전5:7) 근심이 사라집니다. 그래서 주님은 다 내게로 오라고 부르시는 것입니다.

믿는 자에게 주시는 축복

(롬4;5-13)

1. 믿는 자에게 주시는 축복

(1) 의롭다 여김을 받음

믿는 자는 먼저 의롭다 여김을 받습니다(5절)

천국은 아무나 못 갑니다. 의로워야 갑니다. 그런데 믿으면 의롭다고 인정해 준다고 했습니다. 그래서 믿음은 소중한 것입니다.

과거에는 법을 지키고 선행을 해야 한다고 생각하였습니다. 유대교가 그랬고, 천주교가 그랬고 불교도 그렇습니다. 믿음의 귀중함을 몰랐던 것입니다. 그런데 루터가 성경에서 '이신칭의' 즉 믿음으로 의롭게 된다는 것을 깨닫고 종교개혁의 불씨를 제공한 것입니다.

(2) 행복을 주심

믿는 자에게는 행복을 주십니다(6절).

6절에 보면 "하나님께 의로 여기심을 받는 사람의 행복"이라고 했습니다. 의로 여기심을 받는 것은 믿음이니 결국 믿는 자가 참으로 행복합니다.

(3) 죄를 사하심

믿는 자에게는 사하심을 받고, 죄를 가려주십니다(7절).

인간의 불행은 근본적으로 죄책감과 형벌에서 옵니다. 그러므로 용서가 없이는 우리는 행복할 수가 없고, 천국에 갈 수도 없고, 하나님의 자녀가 될 수도 없습니다. 용서란 바로 죄를 가려 주는 것입니다.

(4) 아브라함의 후손을 삼으심

믿는 자는 아브라함의 후손을 삼으십니다(13절). 아브라함의 후손은 혈통이 아니라 아브라함처럼 믿음을 가져야 합니다

2. 참으로 믿는 자가 되는 길

어떻게 하면 참으로 믿는 자가 될 수 있습니까?

(1) 은혜로 주신 영적 손

믿음은 하나님께서 은혜로 주신 영적 손입니다(엡2:8).

엡 2:5절에는 "너희가 은혜로 구원을 얻은 것이라"고 했습니다. 또 이 믿음을 엡 2:8절에는 "이것이 너희에게서 난 것이 아니요 하나님의 선물이라고"고 했습니다.

(2) 믿음은 말씀을 먹고 자람

참 믿음의 성도는 주신 말씀을 먹고 자랍니다(롬10:17).

"믿음은 들음에서 나며 들음은 그리스도의 말씀으로 말미암느니라"(롬 10:17)고 했습니다.

(3) 활용할수록 자라는 믿음

믿음은 활용할수록 자랍니다. 그냥 두면 아무 역사도 일어나지 않습니다. 믿음이란 말은 명사가 아니라 동사입니다. 매일 믿음을 활용해야 합니다.

(4) 믿음은 승리로 하나님께 영광

믿음은 순종으로 나타나고, 승리로 하나님께 영광을 돌립니다.

믿음의 마지막 열매는 순종입니다. 그러므로 순종이 없는 사람은 믿음의 증거가 아직 없는 것입니다.

믿음의 역사

(행3:11-18)

본문의 요절은 16절입니다. 그 이름을 믿음으로 성하게 되었고, 완전히 낫게 되었다는 말씀입니다.

1. 믿음이란?

히 11:1절에 "믿음은 바라는 것들의 실상(근거.기초)이요, 보지 못하는 것들의 증거(확신)니 선진들이 이로써 증거를 얻었느니라"고 하였습니다.

하나님은 우리들에게 믿음과 이성이라는 두 개의 눈을 주셨습니다. 노아가 사람들의 조롱과 비난을 받아 가면서도 방주를 만들 수 있었던 것은 이성적인 행동이 아니었습니다.

2. 믿음이 나타나는 역사

(1) 우리의 신분이 변화됨

우리가 예수님을 믿는 순간 우리의 신분은 변화됩니다. 갈 3:26절에는 믿음으로 말미암아 하나님의 자녀가 된다고 했기 때문입니다. 요 1:12절에는 "영접하는 자 곧 그 이름을 믿는 자들에게는 하나님의 자녀가 되는 권세를 주셨으니"라고 했습니다.

(2) 능력의 사람이 됨

세상을 이기는 능력의 사람이 됩니다.

요일 5:4절에 "대저 하나님께로서 난 자마다 세상을 이기느니라. 세상을 이길 승리는 이것이니 우리의 믿음이니라"고 했습니다.

(3) 믿는 대로 이루어짐

믿는 대로 모든 일이 이루어집니다.

막 9:23절에 "믿는 자에게는 능치 못할 일이 없느니라"고 했고, 마 8:13절에 "가라 네 믿은 대로 될지어다"고 했습니다.

3. 믿음을 갖는 비결

롬 10:17절에는 "그러므로 믿음은 들음에서 나며 들음은 그리스도의 말씀으로 말미암느니라"고 했습니다. 이 말은 하나님의 말씀을 들을 때에 믿음이 생긴다는 뜻입니다.

벧전 2:1절에는 "갓난아이들같이 순전하고 신령한 젖을 사모하라 이는 이로 말미암아 너희로 구원에 이르도록 자라게 하려 함이라"고 했습니다. 이 말은 믿음을 사용할 때 점점 더 커지고 성장한다는 뜻입니다.

바나바

(행4:36-37)

1. 바나바는 어떤 사람인가?

(1) 세계 선교에 협력한 사람

바울을 기독교 안에 소개하고, 바울이 세계 선교를 하도록 협력한 사람입니다.

행 11:25-26절에 보면 바나바는 예루살렘 교회에 바울을 소개했습니다. 당시 예루살렘의 교인들은 바울의 회심을 의심했습니다. 아니 그렇게 기독교인들을 핍박하고, 잡아가던 사람이 어떻게 갑자기 회심을 할 수 있느냐? 라는 것입니다. 그러나 바나바는 바울의 회심을 믿었고 바울을 예루살렘 교회에 소개했습니다.

(2) 전 재산을 교회에 바친 사람

재산을 팔아서 교회에 다 바친 사람입니다.

행 4:37절에 "밭을 팔아 값을 가지고, 사도들의 발 앞에 두니라"고 했습니다.

(3) 안디옥 선교에 협력한 사람

바울이 안디옥 선교의 중심지로 삼을 수 있도록 도와준 협력자입니다 (행11:22-24).

한 사람의 선교사를 보내기 위해서는 많은 숨은 봉사자가 없이는 불가능합니다. 눈에 보이는 것은 교역자들과 장로님들이지만 실제로 이름도 없이 빛도 없이 수고하는 수많은 사람들 때문에 오늘의 교회가 지탱되는 것입니다.

당시 안디옥 교회는 선교의 교두보요 거점이었습니다. '크리스천'이라는 말도 안디옥에서 시작되었습니다(행11:26). 또 바울이 이방선교의 아버지가 될 수 있었던 것도 이방인들로 구성된 안디옥 교회에 바나바가 있었기 때문입니다.

(4) 흔들릴 때가 있던 사람

그러나 바나바도 흔들릴 때가 있었습니다.

바나바도 다른 유대인들과 같이 베드로처럼 외식에 유혹되었습니다. 갈 2:13절에 "바나바도 저희의 외식에 유혹되었느니라"고 했습니다.

바울과 바나바는 마가의 문제로 인해 서로 논쟁을 벌이기도 했습니다. 마가가 선교지에서 이탈했을 때에 바울은 동역에 반대하였고 바나바는 기회를 더 주려고 하였습니다. 결과적으로 바울과 바나바는 의견의 차이로 인해 서로 결별을 고하였던 것입니다.

2. 바나바에게서 배워야 할 점

(1) 동역자의 그늘에서 양보할 줄 아는 은사

머리가 되기보다는 남을 돕는 가슴의 역할, 즉 협력자가 되는 것입니다. 그는 동역자의 그늘 속에서 양보할 줄 아는 은사자였습니다. 모든 성공의 뒤편에는 바나바와 같은 협력이 절대로 필요합니다. 모세가 성공할 수 있었던 것은 아론과 훌같이 모세의 손이 내려오지 않도록 협력하는 사람들이 있었기 때문입니다.

협력은 위대한 일을 만들어냅니다. 벌들을 보십시오. 개미들을 보십시오. 바다도 한 방울 한 방울이 모여서 된 것입니다.

(2) 희생하고 바칠 줄 알아야

협력정신을 발휘해서 희생하고 바칠 줄 알아야 합니다.

바나바는 부자였습니다. 그런 그가 바칠 수 있었던 것은 그의 믿음 때문이었습니다. 그는 자신이 바친 재물의 쓰여질 때의 가치와 의미를 아는 믿음이 있었던 것입니다. 성경은 한 사람의 생명이 온 천하보다 귀하다고 하였습니다.

(3) 후배를 길러주는 선배

후배를 길러줄 줄 아는 선배가 되어야 합니다.

바나바의 위대한 점은 다른 사람들의 영적 능력을 분간할 줄 알았다는 것입니다. 바울에게서 그런 능력을 누구보다 먼저 보았고, 마가에게서 그런 능력을 보고 협력하였습니다. 실패한 자를 위로해 줄 줄 알고, 그에게서 새로운 가능성을 보았던 것입니다. 바나바의 그런 영적 분별력과 협력이 없었다면 마가는 역사에서 사라지고 말았을 것이고, 그렇다면 마가복음은 존재하지 않았을 것입니다.

바람을 잡는 것

(전1:12-18)

세상에서 가장 허무한 것은 바람을 잡으려는 사람입니다. 잡았다고 생각하는 순간 손에는 아무것도 없습니다. 세상 일이 그와 같습니다. 돈도 손 안에 잡고, 권력도 손 안에 잡고, 사람도 손 안에 잡고, 세상을 손 안에 넣으려고 몸부림칩니다. 그러나 다 바람을 잡는 것처럼 허무한 것뿐입니다.

1. 바람을 잡는 것

하늘 아래서 행하는 모든 일을 '연구하는 것이' 다 바람을 잡는 것과 같습니다.

그러나 잘못되거나 나쁜 것은 아닙니다. 영원한 것은 아니지만 그러나 많은 사람들이 알고 싶고, 궁금해 하는 것에 대한 조금의 유익은 줄 수 있기 때문입니다.

(1) 행하는 것이 바람 같은 것

해 아래서 '행하는 모든 것'이 다 바람을 잡는 것입니다.

14절에 "내가 해 아래서 행하는 모든 일을 본즉 다 헛되어 바람을 잡으려는 것이로다"라고 했습니다.

정치, 경제, 사회, 문화, 예술 등 무엇 하나 영원한 것이 없기 때문입니다.

(2) 개혁도 바람 잡기

구부러진 것을 곧게 하고 모자란 것을 바로잡으려고 하는 소위 개혁한다는 것도 다 바람을 잡는 것과 같습니다.

15절에 "구부러진 것을 곧게 할 수 없고 이지러진 것을 셀 수 없도다"라고 했습니다.

그러나 그 모든 것도 영원의 관점에서 보면 다 바람을 잡는 것과 같이 허무한 것입니다.

(3) 지혜를 구하는 것도 바람잡기

17절에 "내가 다시 '지혜'를 알고자 하며 미친 것과 미련한 것을 알고자 하여 마음을 썼으나 이것도 바람을 잡으려는 것인 줄을 깨달았도다."라고 했습니다.

학문을 하면서 새로운 이론을 전개하고, 유명해져도 결국 다 바람을 잡는 것과 같이 허무한 것이라는 말입니다. 이유는 지혜와 지식은 번뇌만 더하기 때문입니다(18절).

2. 바람을 잡지 않으려면?

(1) 확실한 것을 잡아야

그것은 바로 믿음입니다. 믿음은 우리들에게 영원한 생명을 가져다주고, 믿음은 우리들을 천국으로 인도해주기 때문입니다. 믿음은 우리에게 영원한 소망이 되기 때문입니다.

(2) 잡은 후엔 놓지 말아야

더러는 믿음을 헌신짝처럼 버리는 사람들이 있는데 정말 마음이 아픕니다. 바람을 잡는 일에 너무 분주하지 말고, 영원한 일에 분요하여야 합니다.

　계 3:11절에 "네가 가진 것을 굳게 잡아 아무나 네 면류관을 빼앗지 못하게 하라"고 했습니다.

　우리가 가진 중요한 것이 무엇입니까? 바로 믿음이요 사랑이요 소망입니다.

바로의 정치철학

(출5:1-9)

본문에 보면 바로의 정치 철학을 볼 수 있습니다. 크게 세 가지로 분석을 할 수 있습니다.

1. 영적 무지를 봄

2절에 보면 바로의 영적 무지를 볼 수 있습니다.

"여호와가 누구관대 내가 그 말을 듣고 이스라엘을 보내겠느냐? 나는 알지 못하니 이스라엘도 보내지 아니하리라."

국가의 지도자는 정치뿐 아니라 경제와 사회, 문화 등에 대한 지식을 가지고 있어야 합니다. 특별히 문화의 핵심이 종교이기 때문에 종교에 대한 바른 지식을 가지고 있어야 합니다.

바로는 "나는 알지 못하니"라고 한 것을 보면 자신의 무지를 숨기지 않았습니다. 그러나 모를 때에는 왕의 주변에는 수많은 보좌관들이 있기 때문에 그들을 통해서 듣고, 알아보아야 합니다. 그런데 바로는 알려고 하는 노력도 없었습니다.

결국 바로의 무지는 열 가지 재앙이 임하게 하는 원인을 제공하였습니다. 지도자 한 사람의 무지는 국가의 재앙을 가져오는 결과를 초래한 것입니다.

여기서 우리는 무지의 문제점을 살펴볼 필요가 있습니다.

무지가 무엇인가?

(1) 무지한 치리 자

잠 28:16절에 "무지한 치리 자는 포학을 크게 행하거니와"라고 했습니다.

(2) 무지는 바로 서지 못함

무지는 빈 자루와 같아서 똑 바로 서지를 못합니다.

(3) 무지는 허영과 교만에 빠짐

무지는 허영과 사치와 교만에 빠지게 만듭니다.

(4) 무지는 고집이 강함

무지는 노새같이 고집만 강하다.

2. 이민정책

4절에 보면 "너희가 어찌하여 백성으로 역사를 쉬게 하느냐 가서 너희의 역사나 하라"고 했습니다.

여기서 바로의 이민정책을 볼 수 있습니다. 노예처럼 일이나 시키면 된다고 생각했습니다. 그리고 종교적 자유를 빼앗고 억압을 하였습니다. 이런 바로의 이민정책은 무지의 소치였습니다. 그래서 결국 10가지 재앙만 임하게 한 것입니다.

3. 억압정책

7절에 보면 바로의 억압정책을 볼 수 있습니다.

"너희는 백성에게 다시는 벽돌 소용의 짚을 전과 같이 주지 말고 그들로 스스로 줍게 하라"고 했습니다. 억압정책은 나라를 망치게 합니다. 지금 북한에서 하고 있는 억압정책은 언제인가는 터질 때가옵니다. 난로에는 연통이 필요하듯이 모든 것은 서로 통하도록 만들어야 합니다. 꼭 막기만 해서는 안 됩니다. 바로의 실수는 애굽을 통치할 무능을 보여주었을 뿐입니다.

4. 바로의 정치철학

우리는 믿음을 가진 서민의 입장에서 인생철학을 가지고 살아야 합니다.

(1) 주일성수를 해야

왜냐하면 신앙의 기초가 주일성수이기 때문입니다.

(2) 십일조 생활을 해야

왜냐하면 우리는 다 하나님의 청지기이기 때문입니다.

(3) 섬김의 삶을 살아야

우리는 많은 것을 받았기 때문에 주는 삶을 살아야 합니다. 그것은 사랑의 부채를 갚는 방법이기도 합니다.

바른 성찬 예식

(고전 11:17-34)

교회에서 성찬식을 거행하는 것은 아주 중요합니다. 하나님은 우리들에게 두 가지 종류의 말씀을 주셨습니다. 하나는 '듣는 말씀'이요 다른 하나는 '보는 말씀'입니다. 성찬식은 무엇인가 하면 '보는 말씀'입니다. 천주교는 이 보는 말씀을 강조해서 의식을 화려하게 하고 강조합니다. 그러나 개신교는 듣는 말씀을 중심으로 설교와 성경교육을 강조합니다. 그러나 정확하게 말하면 둘 다 중요한 것입니다. 그러므로 성찬식을 바로 행하는 교회가 산 교회요 은혜가 있는 교회입니다.

1. 잘못된 성찬식을 책망(17절)

"이는 저희의 모임이 유익이 못되고 도리어 해로움이라." 형식적인 성찬식의 경우와 회개가 없고 감사가 없는 성찬식의 경우를 말합니다.

2. 성찬식의 부패

(1) 분쟁 발생

분쟁(18절). "너희 중에 분쟁이 있다 함을 듣고". 왜 분쟁이 생겼는가? 애찬 문제로 분쟁이 생겼습니다.

(2) 자기 속임

자기 속임(19절). "너희 중에 편당이 있어야 너희 중에 옳다 인정함

을 받은 자들이 나타나게 되리라". 성찬식은 하나 된 표식인데 편당이
생겨진다는 것은 잘못입니다. 자기 속임입니다.

(3) 빈궁한 자들을 부끄럽게 함

가난한 자에 대한 무관심(21절). "빈궁한 자들을 부끄럽게 하느냐". 애
찬을 나눌 때 많이 가지고 온 사람들이 자기들끼리만 먹었다. 그러므로
가난한 자들에 대한 관심을 가지면서 참여해야 합니다.

(4) 교회를 업신여김

"하나님의 교회를 업신여기고"(22절). 교회란 성도의 모임을 말합니다.
그런데 가난하다고 해서 어떤 사람을 업신여긴다면 결국 하나님을 업신
여기는 것이 됩니다.

3. 성찬식의 참 의미(23-26절)

성찬식의 참된 의미는 무엇인가요? 지금 성찬의 신비적인 의미가 사
라지고 있는 것은 참으로 불행한 일입니다. 성찬식에는 단순히 상징적
인 의미만 있는 것은 아닙니다. 거기에는 신비적인 역사도 일어납니다.

(1) 떡의 의미(24절)

　가) 이것은 내 몸이니(로마 가톨릭:화체설, 루터교:공존설, 개신교:상징설)

　나) 떼어(죽음을 상징)

　다) 이것을 행하여 나를 기념하라(죽음에 참여)

(2) 잔의 의미(25절)

　가) "내 피로 세운 새 언약이니"(25절 상) 단순한 상징이 아니라 종말
　　　론적인 의미가 있다고 했다. 주님과 새 언약이 이루어지는 사건
　　　으로 본 것입니다. 주님과 하나 되어 구원을 받고, 화해를 선포
　　　하는 기념 축제인 것입니다.

　나) "이것을 행하여 나를 기념하라"(25절 하) 여기서 중요한 것은 성

찬에는 구원의 약속과 함께 부활의 약속, 연합의 약속이 있다는 점입니다.

4. 성찬식을 잘못 행할 때의 결과(27-30절)

(1) 주의 몸과 피를 범하는 죄(27절)

성찬식을 행할 때 짓는 죄는 자신에 대한 죄가 아니라 그리스도에게 죄짓는 것이므로 더 무서운 것입니다.

(2) 자기 죄를 먹고 마심

자기의 죄(원문에는 '심판'의 뜻으로)를 먹고 마시는 것이니라(29절)고 했습니다.

5. 바른 성찬식은 어떻게 하는 것인가?

(1) 자기를 살피고

자기를 살피고(28절). 먼저 마음가짐을 어떻게 할 것인가를 살피는 것

(2) 주의 몸을 분변

주의 몸을 분변할 것(29절). 떡의 본질을 이해하고 참여하는 것

(3) 서로 용납

서로 기다리라(33절). 만찬에 서로 용납하라는 뜻

6. 바른 성찬식을 거행하는 자에게 주시는 축복

(1) 그리스도의 영적 생명을 공급받게 된다.

(2) 이미 공급받은 자들은 영적 건강을 유지하게 된다.

(3) 영적 기능을 바로 잘 활용하게 된다.

(4) 그리스도와 연합이 되고 일체가 된다.

이제 바라기는 우리 모든 성도들이 바른 성찬식 견해를 가지고 참여함으로 큰 축복을 받을 수 있기를 축원합니다.

바른 열심

(롬10:5-10)

1. 유대인들의 열심에 무엇이 문제인가?

인간의 힘으로 의롭게 되려고 했고, 율법을 지킴으로 선하게 되려고 했습니다. 그러나 율법은 우리들을 의롭게 하지 못하고, 인간의 노력은 우리들을 선하게 만들지 못합니다.

2. 무엇이 바른 열심인가?

(1) 그리스도의 의를 근거로 한 열심히 바른 열심

우리가 의롭게 되는 것은 오직 십자가를 통해서만 됩니다. 예수의 피 밖에는 없습니다.

(2) 하나님의 뜻을 이루는데 사용되는 열심이 바른 열심

하나님이 기뻐하시는 일, 하나님의 뜻을 이루는데 사용되는 열심이 바른 열심입니다.

사람들은 돈을 버는 일에는 열심입니다, 취미생활을 하는 데에도 열심입니다. 그런데 주의 일을 하는 데에는 구경꾼이 많습니다. 그러나 하나님 나라에 가면, 또 죽은 뒤에 남는 것은 바로 주님의 일을 한 것밖에는 없습니다. 그러므로 우리가 주님의 일을 하는데 열심을 내어야 합니다.

(3) 믿음으로 하는 것이 바른 열심

히 11:6절에 "믿음이 없이는 기쁘시게 못하나니"라고 했습니다.

롬 14:23절에 "믿음으로 좇아 하지 아니하는 모든 것이 죄니라"고 했습니다. 그러므로 모든 일을 믿음으로 하여야 합니다. 그것을 하나님이 기뻐하시고, 또 하나님께 영광이 되고, 축복이 됩니다.

3. 바른 열심을 할 때 주시는 하나님의 축복

(1) 영광과 기쁨에 참여

하나님의 영광과 기쁨에 참여 합니다.

(2) 성공의 열매를 따먹음

성공의 열매를 따먹게 됩니다.

(3) 생명의 면류관을 받음

생명의 면류관을 받습니다.

'열심'이란 죽도록 충성하는 것입니다.

계 2:10절에 "네가 죽도록 충성하라 그리하면 내가 생명의 면류관을 네게 주리라"고 했습니다.

바벨론에 대한 죄

(계17:1-6)〕

바벨론에 관한 말씀은 14:8절과 16:19절에 나타났는데 14장은 우주적 투쟁을 묘사하고 있고, 16장에서는 '큰 성', 원형으로서의 성 즉 불경건한 제도 자체를 말씀하고 있습니다. 그러나 17장에 와서는 이 바벨론이 너무도 중요한 의미를 가지고 있기 때문에 한 장 전체를 할애하고 있습니다.

1. 바벨론의 정체

(1) 바벨론 본질은 음녀

번지르르하고, 호화로운 모양을 하고 있습니다. 또 매혹적인 아름다움을 가지고 있으나 본질은 음녀라고 선언하고 있습니다.

음녀에 대하여는 교황설, 혹은 타락한 교회로 해석하기도 하지만 하나님을 떠난 세상으로 보는 것이 무난하고 자연스럽습니다.

(2) 바벨론 본질은 음행

첫째 그녀가 타고 있는 짐승은 참람된 이름들과 음행이란 단어가 온 몸에 가득합니다. 이 단어의 근본은 porn인데 여기서 포르노 (pornography)란 말이 나왔습니다. 여기서 우리는 음녀인 바벨론과 신부인 예루살렘을 대조하면서 살펴보아야 보다 더 분명해집니다.

둘째 여기서 말하는 것은 단순한 성적 범죄가 아니라 하나님 대신에
용을 경배하는 것을 말하는 것입니다. 요일 2:15절에 "누구든지
세상을 사랑하면 아버지의 사랑이 그 속에 있지 아니하니"라고
했습니다. 세상이란 뜻은 하나님과의 관계없이 구성된 인간 사
회를 의미합니다.

셋째 음행과 포도주의 관계, 음행을 포도주에 비유하는 것은 그것이
취하게 하는 성질을 가지고 있기 때문입니다. 이 세상에는 여러
가지의 취하는 것이 있습니다. 그것은 술, 이성과 쾌락, 물질문
명, 피, 마약, 정치 등이 있습니다. 그러나 예수를 믿는 것도 취
하게 만들어 줍니다. 우리가 하나에 취하여야 한다면 예수님께
취하는 것이 좋습니다.

(3) 음녀에 대한 묘사

첫째 음녀에 대한 묘사로서는 붉은 빛 짐승을 탔습니다. 그런데 붉은
빛은 공산주의나 화려함을 의미한다고 볼 수 있습니다. 그래서
죄의 빛으로 해석하기도 합니다(사1:18).

둘째 음녀가 타고 있는 짐승의 사치함. 짐승은 금과 보석과 진주로
꾸며졌다는 것에서 그 사치함이 잘 나타납니다. 꾸민다는 것이
특징입니다. 가장한 물건이란 마 24:15절에 나오는 말씀으로
우상숭배와 관련되어 있는 것으로 말세에 나타날 배신의 모습인
것입니다. 5절에는 창녀의 정체가 잘 나타납니다.

그러면 비밀이란 무슨 말인가요? 이것은 음녀의 특성을 말씀한 것입
니다. 크다는 말은 자만을 뜻하고, 땅의 음녀들과 가증한 것들의 어미
란 말은 음녀의 유혹하는 성격을 말해줍니다.

바벨론의 멸망에 대한 예언

(사14:1-23)

1. 바벨론의 멸망

(1) 불경건한 바벨론은 멸망될 것

1-2절에는 불경건한 바벨론은 멸망될 것이고, 하나님의 백성들은 승리하여 돌아올 것을 예언하고 있습니다.

그러면 하나님의 백성들은 어떤 사람들인가?

첫째 '긍휼히 여기시며"(1절).

둘째 '다시 택하여'(1절).

셋째 '자기 고토에 두시리니'(1절).

넷째 '그들의 본토에 돌아오리니'(2절).

다섯째 '전에 자기를 사로잡던 자를 사로잡고 자기를 압제하던 자를 주관하리라'(2절). 이것은 말세에 일어날 현상으로 복음의 영적 정복으로, 그리스도의 통치로 지배하게 될 것을 말씀한 것입니다. 천년왕국에 대한 예언입니다. 그뿐 아니라 이방나라가 이스라엘이 본토에 돌아오도록 도와주게 될 것입니다.

(2) 바벨론 멸망의 예언

12-14절에는 바벨론의 멸망을 가리킵니다. 그러나 이 구절은 또한 사탄의 타락에 대한 예언이기도 합니다(계13:4; 17:3).

12절에 나오는 "아침의 아들 계명성"(새벽별, 루시퍼)은 누구인가? (엡
2:2; 6:12; 계12:8-9). 루시퍼란 말은 라틴어로 금성을 의미합니다. 성경
에는 사 14:12절에 한 번 나올 뿐입니다. 문자적으로는 사탄을 의미합
니다(14:15). 비슷한 구절로는 에스겔 28:11-19절에도 나옵니다. 바벨
론이라는 말이 사탄을 의미하는 것은 계시록에도 분명히 언급되어 있습
니다.

13-14절에 기록된 사람은 누구인가?

폭군인 바벨론 왕이기도 하지만, 사탄으로 해석하기도 합니다. 그러
면 사탄의 야심은 무엇인가요?

첫째 "내가 하늘에 올라." 이것은 교만의 극치입니다.

둘째 "하나님의 뭇 별 위에 나의 보좌를 높이라라".

셋째 "내가 북극 집회의 산 위에 좌정하리라". 이 산은 신이 거하는
      자기를 의미할 때 사용합니다.

넷째 "지극히 높은 자와 비기리라." 지극히 높은 자란 하나님을 뜻하
      는 말로서 당시 바벨론 왕은 자신을 신격화시켰습니다. 그러나
      궁극적으로는 사탄이 자신을 온 땅의 지배자인 하나님처럼 생각
      하고 배신한 것을 의미합니다.

15-17절에서 하나님의 심판의 내용은 무엇인가?(마25:42; 계20:10)

첫째 "네가 음부 곧 구덩이의 맨 밑에 빠지리로다."
      맨 밑바닥으로 떨어질 것을 말합니다.

둘째 "이 사람이 땅을 진동시키며(세상을 뒤흔들고) 열국을 격동시키며"
      (여러 나라들을 떨게 하며).

셋째 "세계를 황무케 하며."

넷째 "사로잡힌 자를 그 집으로(제 나라로 돌려보내지 않던 자)놓아 보내지
      않던 자."

바벨론 왕이 그랬습니다. 그러나 궁극적으로 보면 사탄도 자신의 노예로 만들어 지배하려고 했습니다.

18-23절에서는 바벨론 왕의 비참함을 다른 왕들과 비교하고 있습니다. 다른 왕들은 화려한 무덤에 누워 있는데 바벨론 왕은 무덤도 없이 오물처럼 버려지게 될 것을 예언한 것입니다.

22-23절에서는 하나님께서 바벨론을 멸하실 것을 예언하고 있습니다. 먼저 하나님께서 일어나 그들(바벨론)을 쳐서 없앨 것입니다. 바벨론의 이름을 이어갈 자도 남기지 않겠고, 멸종시키겠다고 하면서 그들의 땅을 '고슴도치의 굴혈' '물웅덩이'로 만들겠다고 하였습니다.

2. 바벨론에 대한 승리의 노래.

3-11절은 바벨론에 대한 승리의 노래를 부르고 있습니다. 여기에는 하나님께서 교만한 바벨론의 세력을 꺾으심으로 자기 백성들을 구원할 것을 예언한 구절입니다. 바벨론을 꺾으심으로 이 땅에는 안식이 찾아오지만 바벨론 왕이 들어간 음부에는 조롱 섞인 소란이 일어납니다.

바벨론의 비밀

(계17:7-18)

바벨론은 유프라테스 강과 티그리스 강 사이에 세워진 지금의 이라크의 전신입니다. 바벨론이라는 말은 바벨이란 말에서 유래된 말입니다. 창세기 11장에 나오는 바벨탑에서 그 뜻을 볼 수 있습니다. 인간의 교만과 배신의 상징입니다. 바벨론은 느브갓네살 때에 유다를 정복한 나라이기도 합니다.

1. 짐승의 비밀

6절에 보면 사도 요한이 음녀를 보고 기이히 여기자 7절에서 천사가 왜 기이히 여기느냐고 물으면서 여자가 타고 있는 "짐승의 비밀을 네게 이르리라"고 했습니다. 여자가 짐승을 타고 있다는 말은 그 관계가 깊다는 뜻입니다.

(1) 여기서 말하는 짐승

8절에 설명이 나옵니다. "전에 있었다가 시방 없으나"라고 했습니다. 이 짐승은 음녀가 타고 있었다고 했습니다

(2) 짐승의 본질

짐승의 붉은 빛에 주목할 필요가 있습니다. 붉은 빛은 사치의 색깔입니다. 또 피의 색깔이기도 합니다.

(3) 장차 올 것이란?

'전에는 있었다가 시방은 없으나 장차 올'것이라는 말은 무엇을 상징하나요? 계 1:17-18절에 비슷한 구절을 봅니다. 이것은 사탄이 존재하지 않는 시기가 있다는 것을 말해줍니다.

(4) 일곱 머리와 열 뿔

일곱 머리와 열 뿔은 적그리스도 국가들로서 사탄의 조정을 받아 성도들을 괴롭히는 나라들을 의미합니다.

첫째 일곱 머리 : 앗수르, 애굽, 바벨론, 메대, 바사, 헬라(그리스), 로마 그리고 장차 나타날 나라라고 했습니다.

둘째 열 뿔 : 열 뿔은 말세에 성도들을 괴롭힐 나라들입니다. 이라크와 이란, 중국과 북한 등 반 기독교 국가들입니다. 그런데 놀라운 것은 이들이 한 마음, 한 뜻을 가지고 활동한다는 점입니다. 17절 마지막에 보면 "저희 나라를 그 짐승에게 주게 하시되 하나님 말씀이 응하기까지 하심이니라"고 했습니다.

요한일서 2:16절에 보면 "육신의 정욕과 안목의 정욕과 이생의 자랑"이 나오는데 그것이 바로 음녀의 본질입니다

2. 음녀의 멸망

놀라운 것은 사탄에게 미움을 받고, 망한다는 점입니다. 이용만 하고 죽이는 것을 말합니다. 악은 다 이런 성격을 가지고 있습니다.

3. 승리에 함께 참여할 자

첫째 하나님께 부르심을 받은 자요
둘째 그에게 택하심을 받은 자요
셋째 진실한 자라고 하였습니다.

바울의 기대와 소망

(빌1:19-26)

1. 아무 일에든지 부끄럽지 아니하고

20절에 "아무 일에든지 부끄럽지 아니하고".

사실 우리는 부끄럽지 않은 삶을 살아야 합니다. 사람들에게는 물론 하나님께도 부끄럽지 않아야 합니다. 옛날 제가 살던 마을에서는 여자들이 밭에서 일하다가 아이를 낳아, 밭에서 태어난 사람도 있습니다. 다행히 저는 방에서 태어났지만 밭에서 난 경우는 정말 비참하게 태어난 것입니다.

사람들은 어떤 경우에 부끄러워하나요?

(1) 한낮에 옷을 벗고 있다가 남들한테 들킬 때

(2) 자기 허물이 밖으로 노출될 때

(3) 맡겨진 일에 실패했을 때

우리는 이런 부끄러움을 당하지 않도록 조심해야 되겠습니다.

2. 담대함

"이제도 온전히 담대하여"(20절).

여기서 담대하다는 말은 무슨 뜻일까요?

(1) 막힘없이 당당히 말한다는 뜻입니다.

(2) 드러내 놓고 말한다는 뜻입니다.

(3) 확신을 가지고 용기 있게 말한다는 뜻입니다.

과연 우리는 어디서나 막힘없이 주님을 증언할 수 있습니까?

3. 그리스도가 존귀히 되게 하려 함

"내 몸에서 그리스도가 존귀히 되게 하려 하나니."

사람마다 존귀히 여기는 것이 있습니다. 그러나 우리는 다름 아닌 바울처럼 주님을 가장 존귀하게 여겨야 되겠습니다.

사람들은 자신이 존귀하게 여기는 것을 위해서 배우고, 일하고 노력하고 선전합니다. 그런데 바울은 주님의 존귀를 위해서 일했습니다. 그리고 사도가 되었던 것입니다. 바울은 주님을 존귀하게 해드리다가 자신도 존귀하게 되었습니다.

4. 바울의 사생관(20절)

(1) 바울의 죽음에 관한 철학.

많은 사람들은 죽음을 인생의 끝으로 봅니다. 그러나 성도들에게 죽음은 천국으로의 찬란한 출발입니다. 이 땅은 이별의 장소요 천국은 모두가 함께 만나는 장소입니다. 그러므로 죽음은 천국에 들어가는 현관문과 같습니다.

(2) 바울의 삶에 관한 철학

바울의 삶의 목적은 자신을 위한 것이 아니었습니다. 자신은 주님과 함께 있고 싶지만(23절) 그러나 성도들을 위해서 그는 살았습니다.

그것은 크게 두 가지였습니다.

첫째 "너희 믿음의 진보와 기쁨을 위하여"(25절).

둘째 "예수 안에서 너희 자랑이 나를 인하여 풍성하게 하려 함이라."

우리는 다른 성도의 믿음의 본이 되고 있는가? 나로 인하여 다른 성도들의 자랑감이 되고 있는가? 늘 살펴 바르게 살아야 할 것입니다

바울의 추천서

(롬16:1-2)

본문을 보면 바울이 로마서를 통해서 크게 추천한 한 여집사의 이야기가 나옵니다. 그 여집사는 뵈뵈였습니다.

1. 뵈뵈는 어떤 사람인가

(1) 겐그레아 교회의 집사(행18:2)

"아굴라라 하는 본도에서 난 유대인 하나를 만나니 글라우디오가 모든 유대인을 명하여 로마에서 떠나라 한 고로 그가 그 아내 브리스길라와 함께 이달리야로부터 새로 온지라 바울이 그들에게 가매"

오늘 본문에는 '일꾼'이란 말로 되어 있습니다. 본래 집사라는 말은 일꾼이라는 뜻입니다. 일꾼이란 말을 다른 말로 하면 청지기라는 뜻입니다. 본래 청지기는 종중에서 주인을 대신해서 재물을 관리하고 자녀들을 서당에 인도하여 성인이 되기까지 돌보아주는 사람입니다.

(2) 뵈뵈 집사는 부유한 사업가

본문에는 안 나오지만 뵈뵈 집사는 부유한 사업가였습니다.

2절에 "그가 여러 사람과 나의 보호자가 되었음이니라"는 말은 경제적으로 바울을 비롯한 많은 사람들을 도와주었다는 뜻입니다. 또 겐그레아에서 로마까지 바울의 심부름을 할 수 있는 경제적인 여유가 있었던 것입니다. 여기서 '보호자'라는 말은 필요한 것을 도와주었다는 뜻입니다.

(3) 로마서를 전달해준 사람

전달은 아무나 시키지 않습니다. 신뢰하는 사람 중에서 뽑아서 보냅니다. 당시는 로마에 가기가 쉽지 않은 때였습니다. 로마의 박해가 심하였기 때문입니다. 그러므로 뵈뵈 집사의 큰 결단도 있었습니다.

우리는 주님이 마음 놓고 어려운 일을 맡기실 만한 사람들입니까? 수고와 희생을 각오하고, 혹은 우리 자신의 생명을 바치면서 일할 수 있는 사람인가요?

2. 바울이 로마교회에 부탁한 내용

(1) 합당한 예절로 영접

"주 안에서 성도들의 합당한 예절로 그를 영접하고".

과연 우리는 새 신자들에게 이런 합당한 예절로 영접하고 있습니까?

(2) 소용되는 바를 도와줌

"무엇이든지 소용되는 바를 도와줄지니."

우리 먼저 믿는 사람들이 꼭 해야 할 것은 나중에 믿는 자들을 무엇이든지 필요한 것을 도와주어야 합니다. 나보다 늦게 믿은 사람들을 사랑하여 보살필 줄 아는 성도가 되어야 합니다.

3. 주님의 추천서를 받을 수 있는 성도

우리 모두가 주님의 추천서를 받을 수 있는 성도들이 되어야 합니다.

내가 과연 주님이 신뢰하실 만한 사람인가? 주님이 주저 없이 나를 추천하실 수 있는가? 뵈뵈 집사처럼 어떠한 경우에도 주님의 영광을 위하여 사는 자인가? 살펴보아야 합니다.

방패가 되신 하나님

(잠30:1-6)

5절이 오늘의 요절입니다. "하나님은 그를 의지하는 자의 방패니라." 성경에는 하나님께서 우리의 방패가 되신다는 말씀이 많이 나옵니다. 자녀가 없어서 후사에 대해 걱정을 하고 있을 때 아브라함에게 나타나셔서 "나는 너의 방패요. 너의 지극히 큰 상급이니라"(창15:1)고 위로와 힘을 주었습니다. 또 신 33:29절에 보면 모세가 죽기 전에 "그는 너를 돕는 방패시오 너의 영광의 칼이시로다"라고 축복한 내용이 나옵니다. 이처럼 하나님께서는 때때로 주의 백성들에게 나는 너의 방패라는 말씀을 많이 하고 있습니다. 무슨 뜻입니까? 방패는 옛날에 전쟁에서 적의 화살과 칼과 창으로부터 우리를 보호해주는 방어용 무기였습니다.

1. 여호와는 왜 우리의 방패신가?

(1) 우리가 두려워하기 때문

인간은 작은 일에도 불안해하고 두려워합니다. 내일 일을 모르고, 또 환경이 어떻게 변할지 모르기 때문입니다. 그래서 하나님께서는 이 말씀을 통해서 두려워하지 않도록 하기 위해서 주신 것입니다.

(2) 역경에 처했을 때

역경에 처했을 때, 우리들이 당황하고 망설이기 때문입니다.

역경에 처하면 대부분의 사람들은 당황하고 망설입니다. 그래서 하나님께서는 우리의 방배가 되심을 말씀한 것입니다.

(3) 믿음의 대상을 모름

무엇을 믿어야 할지 모르고 있기 때문입니다.

세상에는 믿을만한 것이 없습니다. 믿고 나면 속는 경우가 많습니다. 그래서 하나님께서는 그가 우리의 방패이심을 말씀한 것입니다.

(4) 보호하고 승리케 하심

우리들을 보호하고, 승리케 하시기를 원하기 때문입니다.

이 세상에는 든든한 백이 있어야 합니다. 하나님이 우리의 방패요 백이십니다.

2. 여호와가 우리의 방패란 말씀은?

(1) 보호해주시겠다는 약속

옛날에는 방패가 없이는 화살을 막을 수 없고, 창과 칼을 막을 수 없었습니다. 그래서 전쟁에서 방패는 중요한 방어용 무기였습니다. 영적으로 말하면 믿음이 우리의 방패입니다.

(2) 두려워 말고, 안심하라는 뜻

두려움은 인간의 속성입니다. 그래서 여호와께서 우리의 방패가 되심을 말씀함으로 우리들에게 두려워말고, 안심하라고 이 말씀을 주신 것입니다.

(3) 오직 하나님께만 피하라는 말씀

전쟁에서 총과 대포알이 날아오면, 방카 속이나 몸을 보호할 수 있는 곳으로 피해야 합니다. 그런데 세상에는 우리의 피난처가 없습니다. 돈도 도피처가 못되고, 권력도 도피처가 못되고, 지식도 우리의 도피처가 못 됩니다. 오직 하나님만이 우리의 참 피난처가 되십니다. 믿습니까?

3. 여호와를 방패로 삼을 때 주시는 축복

(1) 마귀를 막고 보호해 주심

우리를 보호해주십니다. 원수 마귀가 손 못 대도록 지켜주시는 것입니다.

(2) 승리케 해주심

우리를 승리케 해주십니다. 우리의 목적은 승리에 있습니다. 그런데 하나님께서 우리의 방패가 되어서 승리에 이르도록 만들어주십니다.

(3) 시온의 대로로 걷게 하심

시온의 대로로 걷게 하시고, 천국까지 인도해주십니다. 세상에는 두 개의 길이 있습니다. 하나는 화려하고 아름답지만 지옥으로 가는 저주의 길이 있고, 다른 하나는 좁고 힘들지만 시온의 대로로 가는 축복의 길이 있습니다. 방패 되신 주님께 피하면 시온의 대로로 걷게 되고, 천국까지 인도해주실 것입니다.

변변치 않은 적은 것이 큰일을 망친다

(전10:1-4)

본문에 보면 향수에 빠져죽은 파리 한 마리가 그 많은 향수에 악취가 나게 한다고 했습니다. 그래서 "적은 우매가 지혜와 존귀로 패하게 하느니라"고 했습니다.

1. 작은 것의 중요성.

우리 주위를 살펴보면 큰일보다는 작은 일로 인해서 실패하는 경우를 많이 봅니다. 변변치 않은 작은 것이 큰일을 망친다는 말입니다.

이것은 모든 사람에게 있어서 다 통하는 말입니다. 그러므로 우리는 작은 일을 무시하면 안 됩니다. 교회를 떠난 모 집사님이 계셨는데 그 이유는 사모가 자기의 이름을 틀리게 불렀기 때문이었습니다. 그러나 사람이 나이를 먹다가 보면 이름을 혼돈할 수 있습니다. 그런데 그것 때문에 교회를 떠난다는 것은 '넌 센스'입니다. 그러나 실제로 있었던 일입니다. 그 후에 그 사람은 집시처럼 여기저기 방황하고 있습니다. 작은 것을 문제 삼은 그 사람도 인생이 참 불쌍합니다.

언제인가 들은 얘기입니다만 어떤 신혼부부가 제주도에 신혼여행을 갔습니다. 사진을 찍게 되었는데 남자는 좋은 사진을 만들려고 여자에게 이리 서라 저리 서라 하면서 말하다가 서로 말싸움이 벌어졌고, 급기야는 이혼을 하게 되었다는 것입니다. 이것은 우리에게도 그렇습니다. 아주 사소한 일로 부부싸움이 벌어지고, 마침내 그것이 원인이 되어 이혼하는 경우가 있다는 말입니다.

성경에 보면 작은 것의 중요성에 대해서 많이 말씀하고 있습니다. 눅 16:10절에 "작은 것에 충성된 자는 큰 것에도 충성되고"라고 했습니다. 눅 19:17절에는 "착한 종아 네가 지극히 작은 것에 충성하였으니 열 고을 권세를 차지하라"고 했습니다. 야고보서에서는 작은 혀와 불을 예로 들어서 비록 작지만 얼마나 큰 영향을 주는가를 말씀하고 있습니다. 그러므로 우리들은 작은 것을 무시하지 말아야 합니다.

2. 사소한 일로 인해 큰일을 망치지 않는 비결

(1) 인내심이 화를 막음

통치자가 나에게 화를 낼 때에 자기의 자리를 떠나지 말아야 큰일이 생기지 않는다는 것입니다. 그냥 참고 견디며 인내하면 해결이 되는데 그것을 참지 못하면 결국 큰일이 벌어지는 것입니다. 이 말씀은 사실 저 자신에게 아주 적합한 말입니다. 저는 화가 나면 금방 사표를 잘 던지는 못된 버릇이 많았습니다. 그러나 나이를 먹게 되니까 그것이 얼마나 어리석은 일인가를 알게 되었습니다.

(2) 공손이 허물을 줄임

두 번째 방법이 4절에 나옵니다.

"공손이 큰 허물을 경하게 하느니라." 여기서 공손이란 말을 두 가지로 해석하고 있습니다. 하나는 '겸손'이란 뜻으로 해석하고 있고, 다른 하나는 '침착함' 혹은 '온화함'으로 해석하고 있습니다. 사실 손바닥도 서로 부딪쳐야 소리가 납니다. 그래서 교회 안에서도 무슨 문제가 생기면 다른 한쪽이 가만히 있으면 시간이 지나면 저절로 잔잔하게 해결됩니다. 변명한다고 말하고, 억울하다고 말하고, 화가 나서 말하고 나면 본래는 아주 사소한 일이 나중에는 큰일로 변하게 됩니다.

(3) 작은 일에 조심하는 삶

작은 일에 관심을 가지는 사람은 모든 일에 조심하는 삶을 삽니다.

고전 10:12절에 "그런즉 선 줄로 생각하는 자는 넘어질까 조심하라"고 했습니다. 딤전 4:14절에는 "받은 것을 조심 없이 말며"라고 경고 했습니다.

큰 둑이 바늘 구멍하나로 무너지는 것처럼 인생살이에서도 변변치 않은 적은 일이 큰일을 망치기 때문에 우리는 항상 작다고 무시하지 말고, 모든 일에 조심하고, 인내할 줄 아는 성품을 길러야 합니다. 그것이 바로 지혜이기 때문입니다.

보라 너희 왕이로다

(요19:8-16)

1. 빌라도의 착각(10절).

빌라도가 예수님을 재판하는 과정에서 "내가 너를 놓을 권세도 있고 십자가에 못 박을 권세도 있는 줄 알지 못하느냐"(10절)고 말한 것을 볼 수 있습니다.

그러면 도대체 빌라도는 어떤 사람이었습니까?

빌라도는 로마의 디베료 황제로부터 유다 지역의 총독으로 임명을 받은 생살권을 가진 사람이었습니다. 그는 당시 로마의 군대가 주둔하고 있었던 가이사랴에 거주하고 있었습니다. 당시 빌라도는 유대지역과 사마리아와 그리고 사해 부근까지 통치하고 있었습니다. 빌라도는 로마 사람으로 유대인들에게는 인기가 전혀 없었습니다. 정치만을 추구하고 종교에 대해 전혀 무관심한 사람이었습니다.

그는 모든 것은 주님의 말씀대로 "위에서 주지 아니하셨더라면"(11절) 되지 않는다는 것을 알지 못했습니다.

2. 빌라도는 무죄한 예수님을 왜 석방시키지 못했는가?

12절에서 "빌라도가 예수를 놓으려고 힘썼으나" 하지 못했습니다. 그것은 여론에 밀려(12절 하) 두려워서 굴복 당하였기 때문입니다. 성경에 보면 빌라도는 예수님이 무죄한 것을 확신하고 있었습니다. 요 18:38

절에 "나는 그에게서 아무 죄도 찾지 못하였노라"고 하였습니다. 또 19:6절에서도 "나는 그에게서 죄를 찾지 못하였노라"고 했습니다.

빌라도가 두려워했던 이유는 12절에서 "유대인들이 소리 질러 가로되 이 사람을 놓으면 가이사의 충신이 아니니이다"라고 하며 빌라도를 반역자로 몰려고 했기 때문입니다. 이처럼 빌라도는 예수님을 석방하려고 했으나 이루어지지 않았던 것입니다.

3. 왕 되신 예수님께 대한 자세

(1) 빌라도의 자세

14절에 보면 "빌라도가 유대인들에게 이르되 보라 너희 왕 이로다"고 말했습니다. 물론 그렇게 믿은 것이 아니라 조롱의 뜻이었습니다.

그런데 7-8절에 보면 유대인들이 예수님의 죄목을 "자기를 하나님의 아들이라고 함이니이다"라는 말을 들었을 때 8절에 "빌라도가 이 말을 듣고 더욱 두려워하여"라고 하였습니다.

그리고 그의 아내의 꿈 이야기를 그는 들었습니다. 마 27:19절에서 "그 아내가 사람을 보내어 가로되 저 옳은 사람에게 아무 상관도 하지 마옵소서. 오늘 꿈에 내가 그 사람을 인하여 애를 많이 썼나이다 하더라"라고 하였습니다. 그러나 그는 끝내 진리와 진실의 편에 서지 않았습니다.

(2) 유대인들의 자세

15절에 보면 "없이 하소서, 없이 하소서, 저를 십자가에 못 박게 하소서", "가이사 외에는 우리에게 왕이 없나이다"라고 하였습니다. 그러나 이 말은 거짓말이었습니다. 유대인들의 속마음은 가이사를 왕으로 인정하지 않았기 때문입니다. 다만 예수님을 죽이기 위한 외식의 부르짖음이었을 뿐입니다.

왜 유대인들은 예수님을 십자가에 못 박으라고 했을까요?

첫째 당시 종교지도자들은 예수님의 인기가 높아서 자기들의 라이벌
　　　이라고 생각했기 때문입니다.

둘째 예수님을 따르는 이들로 인해서 데모가 일어나고 폭동이 일어나
　　　면 그나마 로마로부터 얻은 자유를 잃을까 염려해서입니다.

셋째 예수님이 자신을 하나님과 동일시하는 것이 율법과 어긋난다고
　　　해석했기 때문입니다.

보배로운 생명

(고후4:7-18)

사람은 누구나 보석이나 보배를 잘 간직합니다. 때로는 보험에 들기도 하고, 은행에 맡기기도 하고, 금고에 넣어두기도 합니다. 왜냐하면 보배란 값이 비싸기 때문입니다.

1. 보배로운 생명은 어디에 있는가?(7절)

"우리가 이 보배를 질그릇에 가졌으니." 여기서 보배란 하나님께서 우리들에게 주신 영원한 생명, 참된 생명을 의미합니다. 예수님을 믿음으로 얻게 된 영생입니다. 그런데 이 영생이 우리의 육신이라고 하는 질그릇 속에 가지고 있는 것입니다. 왜 우리의 육신을 질그릇이라고 표현했을까요?

첫째, 잘 깨어지는 연약성을 가지고 있기 때문입니다.

둘째, 영혼에 비교하면 아무런 가치도 없는 무가치한 것이기 때문입니다.

그러므로 우리는 감사할 수밖에 없습니다. 아주 무가치한 아무 것도 아닌 질그릇 같은 우리들에게 예수님의 생명과 바꾼 영생을 주셨기 때문입니다.

2. 보배로운 생명은 능력(8-15)

12절에 보면 이 생명이 우리 안에서 역사한다고 했습니다. 그러므로 영생은 역사를 이루는 능력이 됩니다.

어떤 역사를 합니까?

첫째는 살리는 역사를 합니다.

둘째는 천국으로 인도하는 역사를 합니다.

셋째는 날마다 사탄과 싸워 승리케 합니다.

넷째는 이 세상에서 기적을 만들어냅니다.

다섯째는 영생은 우리에게 참 기쁨과 행복을 가져다줍니다.

3. 생명을 가진 성도의 속사람

보배로운 생명을 가진 성도의 속사람은 날로 새로워진다(16절).

물론 "겉 사람은 후패하나 우리의 속은 날로 새롭도다." 예수를 영접한 우리 성도들에게는 두 개의 사람이 있습니다. 하나는 겉 사람이고, 다른 하나는 속사람입니다. 겉 사람은 육체를 말합니다. 나이를 먹으면서 우리는 늙어가고, 병들어가고, 약해집니다.

그러나 속사람은 점점 더 성화되면서 날로 새로워진다고 했습니다. 왜냐하면 우리 안에는 주님의 부활의 생명이 있기 때문입니다. 그러므로 우리는 보배로운 생명을 귀중히 여겨야 합니다.

4. 보배로운 생명과 이 땅에서 환난(17)

우리 성도들은 이 땅에 살면서 항상 환난을 받게 됩니다. 그러나 중요한 것은 그것이 우리들에게 지극히 크고 영원한 영광이 된다는 사실입니다. "우리의 잠시 받는 환난의 경한 것이 지극히 크고 영원한 영광의 중한 것을 우리에게 이루게 함이니."

오늘도 우리는 여러 가지의 환난을 당합니다. 그러나 그것이 영광의 보증수표요, 증거이기 때문에 우리들은 오히려 감사하고, 찬송하고, 기뻐해야 합니다.

그러나 보배로운 생명을 갖지 못한 사람들에게는 이 땅에서의 환난은 심판의 시작이요 연습일 뿐입니다.

그러므로 이 질그릇 속에 영광스러운 생명을 소유한 것을 감사하고, 잠간 동안 당하는 시련과 환난을 잘 극복할 수 있기를 축원합니다.

복을 얻느니라

(잠28 : 10-20)

우리는 다 복을 얻기를 원합니다. 아마 한국 사람들만큼 복을 갈망하는 민족도 드물 것입니다. 집 대문에는 물론 목걸이와 옷감에도 복 복자를 써넣습니다. 그러나 누구나 다 복을 받는 것은 아닙니다. 오늘은 복을 얻는 비결에 대해서 함께 살펴보려고 합니다.

1. 성실한 자

10절에 보면 "성실한 자니라"고 했습니다. 그래서 시편 기자는 "성실로 식물을 삼을지어다"라고 했습니다. 저의 삶의 철학은 '성실과 정직'입니다. 이것은 벤자민 프랭클린의 삶의 철학이기도 했습니다. 놀라운 것의 맹자는 성실을 천도(天道)라고 했습니다. 성실과 정직을 철학으로 사는 사람은 결과는 별로 생각지 않습니다. 그래서

첫째로 '시간을 어기지 않습니다'. 시간은 지키려고 하는 사람은 절대로 못 지킵니다. 시간 전에 가려고 할 때 특별한 경우 시간을 지키게 되고, 대부분의 경우에는 시간 전에 가게 됩니다.

둘째로 항상 하나님 앞에서 일합니다. 사람의 눈치를 보지 않습니다.

셋째는 최선을 다합니다.

2. 죄를 자복하고 버리는 자

13절에 "죄를 자복하고 버리는 자는 불쌍히 여김을 받으리라"고 했습

니다. 복 중에 가장 큰 복의 하나가 바로 하나님에게서 불쌍히 여김을 받는 것입니다. 누가 하나님에게서 불쌍히 여김을 받습니까? 죄를 자복하고 버리는 자라고 했습니다. 죄는 하나님과의 관계를 끊어버리기 때문에 항상 죄를 자복하고 버려야 합니다.

3. 항상 경외하는 자는 복됨

14절에 "항상 경외하는 자는 복되거니와"라고 했습니다. 하나님을 경외하는 자에게 하나님께서는 복을 주십니다. 하나님을 경외하는 자에게 은혜를 베푸시고, 축복을 주시고, 하나님의 일을 하는 복을 주십니다. 중요한 것은 하나님을 경외하는 것이 조건입니다.

그러면 하나님을 경외한다는 말은 무엇입니까?

하나님의 위대하심과 거룩하심을 믿는 것입니다.

또 하나님의 심판을 믿고, 악을 떠나는 것입니다.

하나님을 믿고, 그를 사랑하며 그에게 소망을 두는 것이 하나님을 경외하는 것입니다. 경외하는 자에게 주시는 복은 무엇입니까?

첫째로 두려움을 없애줍니다.

둘째로 생명을 보전케 해줍니다(창42:18). "나는 하나님을 경외하노니 너희는 이같이 하여 생명을 보존하라."

잠언 22:4절에 보면 "겸손과 여호와를 경외함의 보응은 재물과 영광과 생명이니라"고 했습니다.

맺는말

저와 여러분 모두에게 복이 넘치기를 축원합니다. 복은 하나님을 경외하는 자에게 주시는 선물입니다. 그러면 누가 복을 받습니까? 하나님을 경외하고, 성실과 정직으로 살고, 항상 하나님 앞에서 사는 삶을 삽니다. 그런 복된 성도들이다 되시기를 축원합니다.

복음의 빛

(고후4:1-6)

오늘의 요절은 6절의 말씀입니다. "어두운 데서 빛이 비춰리라"고 했습니다.

1. 이 세상은 어떤 세상인가?

(1) 어두운 세상

6절에 보면 "어두운 데서"라고 한 것은 바로 이 세상을 두고 한 말입니다. 왜 어두운가? 빛이 없기 때문입니다. 태양도 달도 별도 있지만 영적으로 볼 때에 사탄의 지배를 받고 있다는 것입니다.

(2) 악이 성행하는 세상

선과 악이란 무엇인가? 하나님의 지배를 받는 것은 선이고, 사탄의 지배를 받는 것은 악입니다.

(3) 진리보다. 거짓이 횡횡하는 세상

예수님은 진리이지만 사탄은 거짓의 아비입니다. 그래서 이 세상에는 거짓이 횡횡합니다.

(4) 말씀과 기도 없이는 승리할 수 없는 세상

그러므로 이 세상은 진리의 말씀과 기도 없이는 결단코 승리할 수 없는 세상입니다. 그러므로 우리에게 꼭 필요한 것은 복음의 빛입니다.

2. 복음의 빛 전파 방법

크게 세 가지 방법이 있습니다.

(1) 개인적으로 복음의 빛을 전할 수 있음

빛 되신 예수 그리스도를 내 마음 속에 영접함으로 달처럼 세상에서 빛을 비칠 수가 있습니다. 복음은 전파함으로 전할 수 있습니다.

(2) 교회의 직분을 통해서

교회의 직분은 그리스도의 영광을 나타내는 데 목적이 있습니다. 그러나 지금은 많은 성도들이 자기 성취의 수단으로 사용하고 있습니다. 참으로 안타깝습니다. 그래서 자기의 능력은 전혀 생각지 않고, 그냥 중요한 직분만 맡으려고 합니다. 그래서 결과적으로 '협조적 방해꾼'이 되는 경우를 많이 볼 수 있습니다. 개인도 불행하고 교회도 불행하고 하나님의 영광은 가려지고 있는 것입니다.

(3) 직업이나 사회의 봉사를 통해서

직업은 단순히 생활의 수단만은 아닙니다. 봉사의 기회요. 하나님의 영광을 나타내는 기회요, 자기 성취의 방법입니다.

3. 복음의 빛을 전파한 결과

(1) 그리스도의 영광이 나타남

'그리스도의 영광'이 나타난다. 그러나 빛을 비추지 못할 때에는 오히려 하나님의 영광이 가려집니다.

(2) 교회가 성장함

교회는 성도들의 영적 빛의 광도에 따라 비례해서 성장합니다.

(3) 우리의 삶이 복됨

우리의 삶이 보다 의미 있고, 품위 있고, 복된 삶이 됩니다.

행복이 무엇인가요? 무엇이 위대한 것인가요? 무엇이 보람 있는 삶인가요? 하나님께서 내게 주신 빛을 세상에 비칠 때 오는 것입니다.

4. 우리는 어떻게 살아야 하는가?

① 낙심치 말아야 합니다. (1절)

② "부끄러운 일을 버리고" (2절)

③ "오직 진리를 나타냄으로" (2절)

④ "오직 예수의 주되신 것"을 전파해야 합니다. (5절)

⑤ 하나님의 영광의 빛을 우리 마음에 비취게 해야 합니다. (6절)

복이 있느니라

(잠8:32-36)

1. 복받고 복이 있어야

우리는 복을 받아야 하고, 복이 있어야 합니다. 믿습니까? 복은 스스로 받는 것이 아니고 우리를 창조하신 하나님께서 주시는 것입니다. 그런데 우리는 그 비결을 잘 모릅니다. 그러나 잠언이란 책을 통해서 하나님께서는 우리들에게 복을 받는 비결을 아주 자세히, 구체적으로 말씀해주고 있습니다. 그러므로 이 시간 이 새벽에 나온 여러분 모두에게 하나님으로부터 받은 복이 충만하기를 축원합니다.

2. 본문에 나타난 복 받는 4가지 비결

（1）주의 도를 지키는 자가 복이 있음

32절에 "이제 내게 들으라. 내 도를 지키는 자가 복이 있느니라." 듣고 지킬 때 복이 있다는 것입니다. 하나님께서 우리에게 하나의 입에 두 개의 귀를 주신 것은 말하는 것보다는 듣는 것이 더 중요하기 때문입니다. 그러나 잘못 들으면 범죄하고 망합니다.

하와가 뱀의 속삭임을 듣지 않았다면 유혹되지 않았을 것이고, 원죄를 범하지는 않았을 것입니다. 죄가 들어가는 길은 하나는 눈이고, 다른 하나는 귀입니다. 그래서 다 둘씩 주어서 조심해라 하신 것입니다.

그러면 무엇을 들어야 합니까? 하나님의 도입니다. 도란 말은 '길'이란 뜻입니다. '말씀'이란 뜻입니다. 영어성경 The Living Bible에 보면 instruction(가르침)이라고 번역했습니다. 성경에 보면 지키지 않아서 망한 사람들이 많이 나옵니다. 가룟 유다는 사도의 자리를 지키지 않다가 맛디아에게 빼앗겼고, 사울은 왕의 자리를 잘 지키지 않다가 다윗에게 빼앗겼습니다. 에서는 장자의 직분이 귀한 것을 몰라서 팥죽 한 그릇에 팔아먹고 역사의 죄인이 되었습니다.

지켜야 할 것은 잘 지켜야 합니다.

(2) 지혜를 얻는 것

33절에 보면 "지혜를 얻는 것"이라고 했습니다. 무엇이 옳고, 무엇이 그른지를 분별하는 지혜가 있어야 복을 받습니다. 지혜가 무엇입니까? 좁게는 예수님이 지혜입니다. 하나님의 말씀이 지혜입니다. 잠언에 기록된 말씀이 지혜입니다. 그러므로 새벽마다 나오셔서 지혜를 얻기를 축원합니다.

(3) 기다리는 자가 복이 있음

34절에는 "기다리는 자"가 복이 있다고 했는데 그것은 바로 하나님을 기다리는 자, 또 지혜 되시는 주님을 기다리는 자란 뜻입니다. 왜 그렇습니까? 그것은 모든 해답이 주님에게 있고, 모든 축복이 주님에게 있고, 모든 지혜가 주님에게 있기 때문입니다.

(4) 생명과 은총을 얻는 자

35절에 "생명과 은총을 얻는 자"가 복이 있다고 했습니다. 이 생명은 그냥 육신의 생명이 아니라 영원한 생명, 영적인 생명을 의미합니다. 게다가 은총을 얻는 자가 복이 있다고 했습니다. 영어성경인 The Living Bible에서는 하나님으로부터의 인정을 받는 자가 복이 있다고 했습니다. 사람에게도 인정받아야 하지만, 그러나 더 중요한 것은 하나님의 인정입니다.

맺는말

이 새벽에 주님의 가르침을 얻고, 지혜를 얻고, 하나님의 말씀과 은혜를 기다리고 그의 인정을 받아서 큰 복을 받으시기를 축원합니다.

복이 있는 삶은?

(잠16:12-20)

오늘의 요절은 20절입니다. 20절에는 복이 있는 자가 누구인가를 말씀하고 있습니다. 복은 모든 사람들이 원하는 것입니다. 저와 여러분들도 복을 받기를 축원합니다. 누가 복이 있는 사람입니까? 20절의 본문에는 두 가지를 말씀하고 있습니다.

첫째로 말씀에 주의하는 자가 복이 있고,

둘째는 여호와를 의지하는 자(믿는 자)가 복이 있다고 했습니다.

시편 1편에 보면 복 있는 사람에 대해서 말씀하는 가운데 "오직 여호와의 율법을 즐거워하여 그 율법을 주야로 묵상하는 자로다"(2절)고 했습니다.

말씀듣기를 좋아하고, 늘 성경을 읽는 사람이 복이 있습니다. 믿습니까? 또 여호와를 의지하는 자가 복이 있다는 말은 신앙의 축복을 강조한 말입니다.

우리는 믿는 것을 뭐 별 것이 아닌 것처럼 생각하는데 그렇지 않습니다. 축복 중에 축복입니다.

그것 외에도 몇 가지를 더 말씀하고 있습니다.

(1) 공의로운 삶을 살 때

공의로운 삶을 살 때 복이 있다고 했습니다(12절).

왜냐하면 하나님은 공의로우신 분이기 때문입니다. 하나님께서는 우리들을 그의 형상대로 지으셨을 뿐 아니라 우리들이 그를 닮기를 원합니다.

그것은 바로 사랑과 공의의 삶입니다.

(2) 정직히 말하는 사람

정직히 말하는 사람이 복이 있습니다(13절).

주님은 진리이시기 때문에 우리가 정직한 삶을 사는 것을 원하십니다. 왜냐하면 주님은 진리이시고 사탄은 바로 거짓의 아비입니다. 정직한 삶이 구원과 직결되지는 않습니다. 그러나 중요한 것은 정직한 삶이 하나님께 영광이 되고, 하나님을 기쁘게 해드립니다.

(3) 하나님께 기쁨을 드리는 삶

하나님께 기쁨을 드리는 삶이 복이 있다고 했습니다(15절).

우리말 번역에 "왕의 희색에 생명이 있나니"란 말은 인생의 목적이 하나님을 기뻐하고, 또 기쁘게 해드리는 것임을 말씀한 것입니다.

(4) 지혜를 얻는 자

지혜를 얻는 자가 복이 있습니다(16절).

잠언에 계속해서 강조하는 것은 지혜라는 말입니다. 그래서 잠언을 지혜서라고 부릅니다.

그런데 그 지혜가 무엇입니까? "여호와를 경외하는 것이 지식의 근본이어늘"이라고 했습니다.

(5) 악을 떠나는 것

악을 떠나는 것이 복이 있습니다(17절).

악은 우리를 더럽게 만들고, 하나님의 축복을 받지 못하도록 만듭니다. 악은 사탄이 사용하는 무기입니다.

(6) 겸손한 자가 복이 있음

마음을 낮추는 것. 겸손한 자가 복이 있습니다(18절).

정말 지혜로운 사람은 다 겸손합니다. 행복한 사람도 겸손합니다. 그러므로 우리가 참으로 복이 있는 사람이 되려면 마음을 낮추는 사람, 즉 겸손한 사람이 되어야 합니다. 왜냐하면 겸손은 바로 하나님의 축복을 담는 보석 상자이기 때문입니다.

본받아야 할 것은?

(고전11:1-16)

인간의 삶은 일회적인 것이기 때문에 전에 다른 사람들은 어떻게 살았는지, 지금 남들은 어떻게 살고 있는지, 또 어떻게 사는 것이 보람 있는 삶인지를 생각하고 아름다운 삶들을 본받아야 합니다.

여자들이 화장하는 법을 보면 남들이 하는 것을 모방합니다. 남자들이 담배를 피우는 것을 보아도 모방에서 시작합니다. 영화나 텔레비전에서 모방을 합니다. 이처럼 우리의 인생은 모방에서 시작합니다. 처음에는 부모에게서 모방하고, 다음에는 선생님이나 친구들에게서 모방합니다. 그런 점에서 우리들에게 모방할 수 있는 role model이 있는 것은 참으로 행복한 것입니다. 그런데 오늘 본문에 보면 우리들이 모방할 세 가지의 모델을 제시하고 있습니다.

1. 첫째는 그리스도를 본받으라 함(1절상).

바울이 위대한 인물이 될 수 있었던 것은 그가 그리스도를 본받아 살았기 때문입니다. 종의 멍에를 지신 주의 겸손, 십자가를 지기까지 아버지 하나님께 순종, 죽기까지의 사랑을 본받아 살았습니다. 그 밖에도 그의 기도생활, 항상 말씀을 가까이했던 삶도 본받아 살았습니다.

역사상 가장 위대한 경건서적은 토마스 아켐퍼스(d. 1471)의 「The Imitation of Christ」란 책입니다. 「그리스도를 본받아」란 책은 저의 은사이신 김정준 박사님께서 번역한 책인데 저는 대학에 다닐 때 이 책을 성경 다음으로 많이 읽으면서 그대로 살려고 애를 썼던 책입니다. 그는 15세기의 사람으로서 독일 태생인데 그의 삶의 대부분을 어거스틴 수도원에서 보내면서 명상과 기도로 지낸 사람입니다. 여러분들도 시간이 있으면 꼭 한 번 읽기를 권면합니다.

2. 둘째는 "너희는 나를 본받는 자 되라"고 함(1절하).

바울의 '복음을 전하는 삶', 때를 얻든지 못 얻든지 항상 복음을 전했습니다. 다음은 '담대한 확신의 삶'을 살았습니다. 그런 점에서 그는 '살아 있는 하나님의 사람'이었습니다. 그래서 저는 신학을 공부할 때 바울을 전공했던 것입니다. 바울처럼 살려고 사례금을 받지 않고 담임 목사로 여러 해 봉사를 하기도 했습니다. 그런 점에서 저는 남편감으로는 낙제생이기도 했습니다. 그런 저를 떠나지 않은 제 아내는 참 보통 여자가 아닙니다.

3. 교회의 전통을 본받으라고 함(2절).

"또 내가 너희에게 전하여 준 대로 그 유전(전통)을 너희가 지킴으로 너희를 칭찬하노라."

그러므로 우리는 전승된 교회의 전통을 본받아야 합니다. 물론 나쁜 전통도 있습니다. 그러나 좋은 수많은 전통을 우리는 다 버리고 있습니다. 우리 교회도 많은 좋은 전통이 있습니다. 그것을 본받으시기를 축원합니다.

여기서 바울은 머리에 수건을 쓰는 전통을 예로 들었습니다.

첫째로 머리는 권위의 상징이었습니다. 그래서 머리에 수건을 쓰는 것은 권위에 대한 존엄성을 의미했습니다. 지금도 유대교와 천주교에서는 그 전통을 그대로 준수하고 있습니다.

둘째로 수건을 쓰는 것은 상급자에 대한 순종을 뜻합니다. 그리스도의 머리가 하나님이란 말은 속성의 열등이 아니라 직분의 순서를 말한 것이기 때문에 이 말씀에 대해서 오해를 해서는 안 됩니다.

이것을 보면 바울은 각 문화권의 관습을 무시하지 않았습니다. 예배 시에 여자들은 머리에 수건을 쓰고 예배 드렸습니다. 이 수건을 '야쉬막'이라고 하는데 그것은 남자에 대한 복종의 의미를 가집니다.

그러나 남녀 간에는 성경적으로 볼 때 평등합니다. 그럼에도 순복하는 것은 하나님의 창조질서와 가정의 평화를 위해서입니다.

맺는말

인간에게는 누구에게나 role model이 있습니다. 아들은 아버지가 역할의 모범이고, 딸에게는 어머니가 역할의 모범입니다. 성도들에게는 장로가 역할의 모범입니다. 그러므로 남들에게는 부끄러움이 없는 역할의 모범이 되기를 바랍니다.

그러나 가장 중요한 것은 우리들에게 주님이 최고의 역할의 모범입니다. 그래서 우리는 항상 그리스도를 본받아 살아야 합니다. 그러므로 무슨 일을 하든지 예수님이 나와 같은 형편에 놓인다면 어떻게 할까를 생각하면서 살 수 있기를 축원합니다.

부끄러움을 당하지 않으려면

(롬10:11-15)

1. 우리는 언제 부끄러움을 당하는가?

(1) 차별을 받을 때

우리는 남을 외모로 차별하지 말아야 합니다. 얼마나 배웠느냐? 얼마나 잘사느냐? 어떤 지위에 있느냐?에 따라 사람들을 차별하면 안 됩니다. 사람은 다 평등합니다.

(2) 가난할 때

이 세상은 자본주의 사회이기 때문에 돈이 말을 합니다. 그 말은 돈이 있으면 대우를 받고, 없으면 차별을 받는다는 말입니다. 그래서 돈을 벌려고 애를 씁니다. 돈이 있으면 박사가 와서 회장님 하면서 고개를 숙입니다. 국회의원도 정치 자금 얻으려고 찾아와서 인사를 합니다. 돈이 있어야 대우를 받는 세상입니다.

(3) 실패했을 때

실패를 하면 고개를 들지 못합니다. 모든 분야에서 그렇습니다.

(4) 죄를 졌을 때

죄가 드러나면 고개를 들지 못합니다. 아담과 하와가 범죄한 다음에 무화과나무 잎으로 몸을 가린 것은 부끄럽기 때문입니다.

2. 부끄러움을 당하지 않는 비결

(1) 믿는 자는 부끄러움을 당하지 않음

본문 11절에 "성경에 이르되 누구든지 저를 믿는 자는 부끄러움을 당하지 아니하리라"고 했습니다.

물론 이 세상에서는 안 믿는다고 부끄러움을 당하지는 않습니다. 왜냐하면 세상에서는 불신자가 다수를 차지하고 있기 때문입니다. 그러나 하나님 앞에 서서 심판을 받게 되면 그때에는 양과 염소를 나누듯이 나눌 때가옵니다. 물론 하나님은 사람들을 외모로 차별하지 않습니다. 그러나 심판하실 때에는 두 가지를 가지고 나눕니다.

첫째는 믿느냐 안 믿느냐?입니다. 이것을 가지고 구원과 지옥을 결정합니다.

둘째는 하나님의 영광을 위해서 무엇을 했느냐?입니다. 이것에 따라서 상급이 결정됩니다.

(2) 주의 이름을 부르는 자

다음은 주의 이름을 부르는 자는 부끄러움을 당하지 않습니다.

본문에 "누구든지 주의 이름을 부르는 자는 구원을 얻으리라"(13절)고 했습니다. 그런데 중요한 것은 믿어야 부릅니다. 그러나 믿음은 들어야 생깁니다. 물론 믿음의 씨앗은 성령이 주십니다. 그러나 이것을 자라게 하는 것은 말씀을 들어야 합니다. 그러나 문제는 전파하는 사람이 있어야 들을 수 있습니다. 그러나 부르심을 받아야 전파를 할 수 있습니다. 그래서 좋은 소식을 전하는 자들의 발이 아름답다고 했습니다.

우리는 이 땅에서도 부끄러움을 당해서는 안 되겠지만 내세에서의 부끄러움은 더더욱 안 됩니다. 왜냐하면 땅에서의 부끄러움은 잠시적인 것이고, 내세에서의 부끄러움은 영원한 것이기 때문입니다.

부르심을 받은 대로 충성하자

(고전7:17-24)

1. 하나님의 부르심과 품격

하나님은 사람들을 부르실 때에 여러 가지의 신분, 여러 가지의 환경, 여러 가지의 조건과 여러 층에서 부르십니다(17). 왜냐하면 지체로서의 역할은 다양해야 하기 때문입니다. 그래서 성도들은 재능도 다르고, 능력도 다릅니다. 그러므로 하나님의 뜻은 우리가 어떤 환경에서 부르심을 입었던지 그 자리에 머물면서, 그 속에서 하나님을 섬기기를 원하시는 것입니다. 따라서 은혜 받으면 다 목사가 되고 선교사가 되어야 할 필요는 전혀 없습니다. 그것은 하나님의 부르심의 성격을 전혀 모르는 무지에서 비롯되는 것입니다. 다만 있는 처지와 환경 속에서 예수를 증거하고, 그에게 영광 돌리면 되는 것입니다.

장로 중에서, 집사 중에서 은혜 받고 목사가 되려고 하는 분들이 많습니다. 결코 나쁘지는 않습니다. 그러나 그 변화 과정에서, 중요한 것은 변화과정이 분명해야 합니다. 직장을 가지고 있으면서 신학공부하려고 하면 결국 파트타임 공부만 해서 정말 실력 있는 전도사, 실력 있는 목사가 되는 것이 거의 불가능합니다. 대개 보면 교회에서 하는 신학교에서 얼렁뚱땅하여 졸업을 하고, 이상한 데 가서 안수 받고 목사가 된 사람들 중에서 거의 대개가 목회에 실패하고 있습니다. 왜냐하면 밤에 교회에서 하는 신학교에서 자격을 갖추지 못한 교수들에게서 배웠기 때문이고, 전도사로서도 제대로 훈련이 안 되어있기 때문입니다. 그래서 자격과 훈련 없이 목사가 된 후에는 교회를 흔들어 부스러기 교인들을 데려다가 그 영혼을 죽이는 일이 너무도 많은 것을 우리는 주의해야 합니다. 그러므로 장로로서 집사로서 있다가 부르심을 받았으면 지금까지 해왔던 일들을 완전히 정리하고, 온전히 주님께 헌신한 채 신학공부도 하고 전도사도 되어야 합니다. 그렇지 않으면 그럭저럭 전도사, 그럭저럭 목사가 되어서 그럭저럭 일하다가 문제만 일으키기 쉽습니다.

2. 교파적 구별이나 의식의 차이는 문제되지 않음

교파적 구별이나 의식의 차이점은 문제가 되지 않는다는 것을 우리는 명심해야 합니다(18-19). 교회 안에는 유대인도 있고 이방인도 있습니다. 유대인 중에는 전에 가지고 있었던 의식을 그대로 행하기를 원합니다. 또 어떤 이들에게는 의식이란 아무런 의미도 없다고 느끼고 있습니다.

따라서 문제가 되는 것은 아버지의 뜻을 따르는 것입니다. 그래서 금년의 삼대 표어 중에 하나가 성경말씀을 따라 살자는 것입니다. 그저 주여, 주여 하는 자가, 입으로만 믿고, 입으로만 봉사하는 자가 다 천국에 들어가는 것이 아니라 하늘에 계신 내 아버지의 뜻대로 행하는 자가 천국에 들어가기 때문입니다.

3. 직업이나 사회적 조건이 문제가 되지 않음

성도들에게는 직업이나 사회적 조건이 문제가 되지 않습니다(20-23). 왜냐하면 초대교회 당시의 크리스천들은 심지어 노예와 같은 가장 어려운 환경 속에서도 그리스도를 위해서 살았기 때문입니다. 특별히 초대교회 당시에는 노예들 중에서 믿게 된 사람들이 많이 있었습니다. 그들의 시간이 다 주인의 것이기 때문에 마음대로 예배에 참석할 수도 없었고, 봉사할 수도 없었습니다. 그러나 성경은 네가 있는 곳에서, 그 환경 속에서 그리스도를 섬기라고 합니다. 종으로서 자유를 얻을 수 있다면 얻는 것이 좋지만 그렇지 못하다 할지라도 있는 종의 상태에서 주님을 섬기라고 말합니다. 종도 주님을 섬길 수 있는 것은 두 가지 이유가 있기 때문입니다.

첫째는 종도 주님 앞에서는 자유인입니다. 사람의 종이 아닙니다.

둘째로 자유인도 주님의 피 값으로 산, 주님의 종이기 때문입니다. 그러므로 주일날 일하기 때문에 믿을 수 없다는 것은 말이 안 됩니다.

4. 하나님께 충성을 다 해야

끝으로 우리는 다 각각 부르심을 받은 그대로 불평이나 원망 없이 하나님께 충성을 다 해야 합니다(24). 왜냐하면 하나님께 영광 돌리는 것은 어떤 직분만이 아니고, 어떤 환경만이 아니기 때문입니다. 따라서 모든 직분이 다 귀하고, 모든 사람이 다 필요한 것을 우리는 인식해야 합니다.

맺는말

있는 처지에서 있는 직분에서 충성하는 사람이 가장 귀한 사람이요 하나님의 뜻입니다. 집사직은 결코 장로가 되는 과정이 아니고 장로는 결코 목사가 되는 과정이 아니기 때문입니다. 그러므로 모든 직분이 교회에서는 중요합니다. 작은 직분이라고 불충성하면 안 됩니다. 작은 일에 충성하면 큰일을 맡기시는 하나님 앞에서 우리는 그저 최선을 다 할 수 있기를 바랍니다.

부르심을 받은 자

(9롬1:1-7)

1. 우리는 다 부르심을 받은 자

(1) 바울

바울은 사도로 부르심을 받았습니다.

(2) 부르심

부르심에는 두 가지가 있습니다.

첫째는 일반적인 부르심입니다. 이것은 구원을 위한 부르심입니다. 롬 8:30절에 "또 미리 정하신 그들을 또한 부르시고."

둘째는 우리의 이름을 부르시면서 특별한 직분을 맡겨주십니다(엡 4:11).

모든 직분은 다 하나님께서 불러서 주신 것입니다. 그때에 사 43:1 절의 말씀처럼 "내가 너를 지명하여 불렀나니 너는 내 것이라"고 구체적으로 불러 주십니다.

2. 부르심의 성격

바울의 경우는 "하나님의 복음을 위하여 택정함을 입었으니." 복음을 위하여 부르심을 받은 것입니다. 그러나 에베소서 4:11절에 보면 '직분자'로 부른다고 했습니다. 따라서 직분자가 된 것은 하나님께서 하신 것

입니다.

3. 복음이란?

복음이란 좋은 소식을 말합니다. 그런데 예수님이 바로 하나님이 준비하신 좋은 소식 이었습니다.

그러면 예수님은 어떤 분이십니까?

3절에 보면 다윗의 자손이라고 하였습니다. 왜냐하면 하나님께서는 아브라함과 다윗으로 이어지는 혈통에서 메시야가 나실 것을 구약에 여러 번 예언했습니다. 그래서 마태복음은 "아브라함과 다윗의 자손 예수 그리스도의 세계라"고 시작하고 있습니다.

귀신 들린 사람도 예수님을 "다윗의 자손이여 우리를 불쌍히 여기소서"(마9:27)라고 외친 것은 그를 메시야 즉 그리스도로 인정하고 고백하였다는 뜻입니다.

4. 복음이신 예수님이 우리들에게 주시는 것은?

(1) 사도의 직분을 받아라

5절에 "은혜와 사도의 직분을 받아"라고 했습니다.

즉 첫째는 은혜이고

둘째는 직분이라고 하였습니다.

은혜란 말은 호감이라는 뜻인데 값없이 주시는 선물을 의미합니다.

(2) 은혜와 직분을 주심

왜 우리들에게 은혜를 주시고 직분을 주셨습니까?

"믿어 순종케 하나니" 즉 크게 두 가지가 있다고 했습니다.

첫째는 믿음이요,

둘째는 순종이라고 했습니다.

(3) 그리스도의 것으로 부르심

6절에 "너희도 그들 중에 있어 예수 그리스도의 것으로 부르심을 입은 자니라"고 했습니다.

즉 우리를 그리스도의 소유물로 택하기 위하여 불러 주셨다는 것입니다.

(4) 하나님의 축복

부르심을 입은 자들에게 주시는 하나님의 축복은 무엇입니까?

첫째는 은혜요

둘째는 평강입니다.

평강은 성경에서 여러 가지 의미로 사용되고 있습니다. 구약에서는 완전한 것으로서 율법을 지킴으로 하나님께서 주시는 것이란 뜻입니다. 신약에서는 예수 그리스도를 믿음으로 가지는 마음의 평안을 의미하였습니다.

부모를 공경하라

(잠23:19-28)

지금 우리가 살고 있는 시대는 '부모가 없는 시대'입니다. 미혼모들에 의해서 자녀들이 출생했기 때문이 아니라 부모가 있지만 자녀들이 부모를 부모로 대해주지도 않고, 또 부모들이 부모들의 사명을 감당하지도 않기 때문입니다.

그래서 『Fatherless America』란 책이 미국에 큰 충격을 주었습니다. 그러나 불행하게도 한국도 예외는 아닙니다.

어떤 면에서 'Parentless Korea'라고 할 수 있습니다. 그래서 오늘은 25절의 말씀을 중심으로 부모를 공경하라는 제목으로 함께 은혜를 나누려고 합니다.

1. 부모님을 공경해야

(1) 부모 공경은 하나님 경외

이 땅에서의 우리의 생명이 부모를 통해서 왔기 때문입니다. 그러므로 부모를 공경하는 것은 바로 하나님을 공경하는 것으로 연결됩니다. 다시 말하면 부모 공경을 통해서 하나님을 경외하는 것을 배우는 것입니다.

(2) 부모 공경은 나의 과거 존중

부모 공경은 나의 과거를 존중하는 것이기 때문입니다. 누구든지 현재는 다 과거가 만든 결과입니다. 우리의 부모의 공경은 나를 사람 되라고 길러주시고, 교육시켜주신 것을 감사하는 것입니다.

(3) 제5계명은 부모 공경

십계명 중에서 제5계명은 네 부모를 공경하라고 했습니다. 그러므로 부모 공경은 하나님의 말씀에 대한 순종인 것입니다. 따라서 부모에게서 받은 것이야 있든 없든 우리는 부모를 공경해야 합니다.

2. 부모님을 공경하는 자세

(1) 부모를 경히 여기지 말아야

22절의 말씀처럼 늙고 힘이 없다고 경히 여기지 말아야 합니다. 왜냐하면 부모님은 나의 생명의 근원일 뿐만 아니라 하나님을 대신하여 나를 낳아주시고, 길러주시고 가르쳐준 하나님의 대리인이기 때문입니다.

(2) 부모를 즐겁고 기쁘게 해드려야

부모를 즐겁게 하고 기쁘게 해드려야 합니다(25절). 오늘이 마침 저의 아버님의 86회 생신일입니다. 물론 저는 부모님의 생활비를 30년째 전부 다 감당하고 있습니다만 그것만으로는 안 되기 때문에 절기나 생일이나 항상 찾아뵙습니다. 목회하느라 시간이 없지만 그래도 하는 것은 부모를 즐겁고, 기쁘게 해드리려고 그러는 것입니다.

(3) 부모님이 나를 돌보아주셨듯이 해야

내가 어렸을 때 부모님이 돌보아주셨듯이 그렇게 부모님을 돌보아 드려야 합니다. 약할 때 치료를 잘 해드리고, 외로울 때 함께 해드리고, 생활비를 드려 굶주리지 않고 편히 사실 수 있도록 해드려야 합니다.

3. 효자에게 주시는 하나님의 축복

(1) 장수의 복을 주심

제5계명에 보면 "그리하면(부모를 공경하면) 네 하나님 여호와가 네게

준 땅에서 네 생명이 길리라"고 했습니다. 많은 사람들이 천수를 누리지 못하는 것은 자신의 몸이 바로 하나님이 주신 것이고, 부모를 통해서 돌보게 하신 것임을 망각하기 때문입니다.

(2) 가정의 평안을 주심

부모를 공경하는 가정에는 평안이 있고, 조화를 통해서 온 가정이 하나 됩니다.

(3) 물질적 축복을 주심

하나님께서 물질적 축복을 주십니다. 인간의 계산적으로 말하면 부모를 공경하면 그만큼 물질적으로 손해입니다. 그런데 이상한 것은 그 이상으로 들어옵니다. 하나님께서 물질적으로 축복을 주시기 때문입니다.

맺는말

우리는 다 부모가 있습니다. 이미 육적인 부모가 돌아가셨다 할지라도 영적인 부모는 있습니다. 이웃의 부모도 있습니다. 그들도 넓은 의미의 부모입니다. 교회의 장로님들이나 권사님들도 우리의 부모입니다. 바라기는 이들을 하나님의 영광을 위해서 공경하여 하나님이 주시는 축복을 다 누리시기를 축원합니다.

부요케 하려 하심이니라

(고후8:6-15)

예수님은 "내가 온 것은 양으로 생명을 얻게 하고, 더 풍성히 얻게 하려는 것이라"(요 10:10)고 했습니다. 하나님께서는 우리가 풍성하고 부요하기를 원하십니다. 그러나 중요한 것은 때로는 그 부요함과 풍성함이 우리의 신앙생활에 해가 되고, 저주가 될 수 있기 때문에 주지 않을 때가 있습니다. 더구나 우리의 가난과 고난을 통해서 보다 귀한 것을 발견케 하고, 깨닫게 할 때도 있습니다.

1. 가난했던 예수님

9절에 "너희를 위하여 가난하게 되심은 그의 가난함을 인하여 너희로 부요케 하려 하심이니라"고 했습니다. 예수님은 목수의 아들로 정말 가난하게 살았습니다. 죽을 때도 그가 입은 단 한 벌의 옷마저 로마병사들에게 빼앗겼습니다. 그것은 우리로 부요케 하기 위해서입니다. 예수님은 온 세상만물을 창조하신 하나님의 아들이요. 삼위일체십니다. 그럼에도 불구하고 그는 가난한 삶을 살았습니다. 우리를 위해서였습니다.

2. 우리를 부요케 하심

(1) 기업을 상속케 함

하나님의 기업을 상속케 함으로 부요케 하셨습니다. 세상에서도 기업을 상속받으면 부자가 됩니다. 천국에서도 하나님 아버지의 기업을 상속받으면 부자가 됩니다. 그것을 우리들에게 주신 것입니다.

(2) 영적 세계를 소유함으로 부요케 함

영적 세계를 소유함으로 부요케 하였습니다. 영적 세계는 정말 넓고, 깊습니다. 인간의 행복을 위한 모든 것이 그 안에 있습니다.

(3) 삶 속에서 부족함이 없도록 하심

매일의 삶 속에서 부족함이 없도록 하심으로 실제적인 부요함을 누리게 했습니다. 하나님께서는 우리가 필요한 모든 것을 다 가지고 계십니다. 그러나 그것은 믿음을 소유할 때만 보입니다. 믿음으로만 사용할 수 있습니다.

3. 풍성한 삶을 사는 비결

(1) 하나님의 기업을 상속받아야

하나님의 자녀가 되어 하나님의 기업을 상속받아야 합니다.

천국의 기업은

첫째 천국을 소유하는 것입니다.

둘째, 성령의 열매를 맺는 것입니다.

셋째, 하나님께서 주신 지혜와 능력으로 세상의 기업을 발전시키는
　　　것입니다.

(2) 영적 세계를 소유하는 것

믿음으로 영적 세계를 소유하는 것입니다. 영적 세계는 물질세계 보다 더 넓고 깊습니다. 그것은 그의 백성 모두의 것입니다. 그것을 소유하고, 누리고, 즐기는 권한이 있습니다.

(3) 천국창고의 열쇠 기도로 풍성히 삶

천국창고의 열쇠인 기도로 풍성한 삶을 사는 것입니다. 기도는 천국

의 마스터키입니다. 그러므로 필요한 것이 있으면 그 열쇠로 열면 됩니다. 그러나 열지 않으면 천국의 창고는 나와 아무런 관계가 없습니다.

맺는말

인간의 부요함은 눈에 보이는 물질적인 것과 눈에 보이지 않는 영적인 것으로 나눌 수 있습니다. 그러나 이런 것은 오직 믿음으로만 소유할 수 있습니다. 기도하는 자에게 주십니다. 그것이 바로 하나님의 공식입니다. 바라기는 믿음과 기도란 두 개의 날개로 풍성한 삶을 살아가기를 축원합니다.

부유해지는 비결은?

(잠10:1-5)

우리는 다 가난보다는 부하기를 원합니다. 부는 분명히 우리들에게 편리를 제공해주고, 선한 일을 할 수 있게 합니다. 그러나 문제는 그 비결을 모릅니다. 오늘은 그 비결을 찾아보면서 함께 풍성한 삶을 살 수 있기를 축원합니다.

1. 부유해지려면?

(1) 불의한 재물을 멀리해야

먼저 부정적인 면에선 불의한 재물을 멀리해야 합니다. 법이 금지하는 것을 해서 재물을 축적하는 사람은 결국 다 망하고 맙니다. 우리나라에서 정주영 씨의 왕국은 대통령도 마음대로 할 수 없을 정도였습니다. 그러나 정치에 관심을 가지면서 그 왕국은 아들의 자살과 함께 서서히 기울어지는 항공모함처럼 되고 말았습니다.

이유는 불의한 재물에 손을 대기 시작하였기 때문입니다. 요즈음 노무현 대통령의 측근들이 하나씩 감옥에 가기 시작하였는데 그것은 불의한 재물에 손을 대었기 때문입니다.

둘째로 악인의 소욕(탐욕)을 버려야 합니다. 탐욕은 바로 우상숭배입니다. 개인도 나라도 탐욕을 가질 때 망하게 됩니다. 최근에 주식을 통해서 돈 벌려고 했다가 망한 분들이 적지 않게 있습니다. 본래 돈 놓고 돈 먹는 돈 장사가 편하기는 하지만 거기에는 항상 리스크가 있습니다. 그러므로 헛된 탐욕을 버려야 합니다.

셋째로 4절의 말씀처럼 "손을 게으르게 놀리는 자"는 가난하게 됩니다. 구체적으로 말하면 게으른 자는 결국 망하게 된다는 것입니다. 돈 좀 벌었다고 일은 게을리 하고 쾌락에 빠지면 결국 가난하게 된다는 것입니다.

2. 긍정적이며 의리를 지켜야

첫째로 부유해지려면 긍정적인 면에서 '의리'를 지켜야 합니다. 신용이란 사업하는 사람의 의리를 말합니다. 지금 우리나라가 카드 문제로 휘청거리고 있습니다. 4백만의 신용불량자들로 인해서 생겨진 것입니다. 그러나 따지고 보면 먼 장래를 보지 않고, 우선 많은 사람들에게 돈을 쓰게 하려고 하는 대기업의 카드장사가 사회를 이렇게 만든 것입니다. 문제는 탐욕입니다.

둘째로 의인이 되어야 합니다. 3절에 "의인의 영혼은 주리지 않게 하시나"라고 했습니다. 의인이란 하나님과의 관계를 바로 가지는 것을 말합니다. 그러나 이 말은 사람들과의 관계를 아무렇게나 가져도 된다는 뜻은 아닙니다. 사람들과의 관계도 바로 가져야 합니다. PR이란 Public Relation이란 뜻입니다. 인간관계를 바로 해야 광고도 되고 홍보가 잘 되어 사업이 번창하는 것입니다.

셋째로 4절의 말씀처럼 "손이 부지런한 자"가 되어야 합니다. 근면 없이는 부하게 될 수 없기 때문입니다. 저는 일생을 하루를 이틀로 사는 삶을 살아왔습니다. 그래서 남보다 많은 일을 할 수 있게 되었습니다. 이것을 다른 말로 말하면 성실입니다. 천재가 따로 있는 것이 아닙니다. 부지런함이 천재를 만듭니다.

넷째로 5절의 말씀처럼 "여름에 거두는 자"가 되어야 합니다. 우리는 쌀을 주식으로 하기 때문에 가을에 추수합니다만 보리와 밀은 여름에 추수합니다. 이스라엘에서는 보리와 밀을 중심으로 농사를 짓기 때문에 여름에 추수합니다. 우리가 잘 아는 대로 여름은 덥고 일하기가 나쁜 조건입니다. 그래도 추수의 때를 놓치면 안 됩니다.

1절의 말씀을 함께 읽겠습니다. 세상에는 두 종류의 사람들이 있다고 했습니다. 아비를 기쁘게 하는 아들과 어미를 슬프게 하는 아들이 있다고 했습니다. 잘사는 자녀는 부모를 기쁘게 하지만 못사는 자녀는 부모를 슬프게 만든다는 것입니다. 그러므로 부하게 되어 하나님을 기쁘게 해드리기를 축원합니다.

부활을 체험한 성도의 삶은

(롬15:1-3)

오늘 본문에서는 계속해서 믿음이 강한 자와 믿음이 약한 자를 비교하고 있습니다. 여기서 믿음이 강한 자란 말은 14:1절의 말씀처럼 고기를 마음대로 먹을 수 있는 이방인 신자들을 말하고, 믿음이 약한 자는, 고기는 대부분 우상숭배의 제물로 바쳐진 것이기 때문에 부정하여 먹을 수 없다고 생각하는 유대인 계통의 사람들을 말합니다.

바울은 여기서 믿음이 약한 자들을 기쁘게 하는 삶을 살 것을 말씀하고 있습니다.

믿음이 강한 자는 "마땅히 연약한 자의 약점을 담당하고, 자기를 기쁘게 하지 아니할 것이라"(15:1)고 했습니다.

이 말씀을 중심으로 왜 우리는 기쁘게 하는 삶을 살아야 하는가? 누구를 기쁘게 하는 삶을 살아야 하는가? 그리고 기쁘게 하는 삶이란 무엇인가?에 대하여 말씀드리겠습니다.

1. 왜 기쁘게 살아야 하는가?

(1) 하나님의 뜻이기 때문

하나님의 뜻은 이해가 되는 것도 있고, 안 되는 것도 있습니다. 그러나 하나님의 뜻은 반드시 어떤 목적이 있습니다. 그러므로 내가 이해가 되지 않는다 할지라도 기쁘게 하는 삶을 살아야 합니다.

(2) 기쁘게 사는 삶은 행복의 근본

행복은 언제나 어떤 결과로 오는 것이지 직접적으로 오는 것이 아닙니다. 아내가 남편을 기쁘게 해주고, 자녀들을 기쁘게 해줄 때 주부의 행복이 찾아옵니다. 반대로 자신만의 기쁨을 추구하는 사람은 얻지도 못하지만 결국 불행에 빠집니다. 그래서 우리는 남을 기쁘게 하는 삶을 살아야 합니다.

(3) 기쁘게 사는 삶은 교회에 덕을 끼침

2절에 보면 이웃을 기쁘게 하는 것과 덕을 세우는 것을 연결시키고 있습니다.

2. 누구를 기쁘게 하는 삶을 살아야 하는가?

(1) 하나님을 기쁘게 하는 삶을 살아야

웨스트민스터 소요리 문답 제1번에 인생의 제일 되는 목적이 무엇이냐? 라는 질문에 대하여 "인생의 제일 되는 목적은 하나님을 영화롭게 하고, 또 영원토록 그를 즐거워하는 것이라"고 했습니다.

(2) 이웃을 기쁘게 하는 삶을 살아야

바울이 말하는 덕을 끼치는 삶이란 바로 이웃을 기쁘게 하는 삶을 말합니다. 가정에서 영화관에 갈 때 어떤 내용을 보십니까? 자녀들이 있는 분은 자녀들이 좋아하는 영화를 봅니다. 자녀들이 기뻐할 때에 부모들도 기쁘기 때문입니다. 이웃을 기쁘게 하는 것은 이웃을 기쁘게 하면 그 기쁨이 우리에게 전달됩니다.

영어에 기쁨이란 단어는 Joy(Jesus, others, yourself)인데 그 것은 참기쁨은 먼저 예수님, 다음은 이웃, 끝으로 자신을 놓을 때에 참 기쁨이 온다는 뜻입니다.

3. 주님을 기쁘게 하는 삶

(1) 상대방의 약점을 담당함

1절의 말씀처럼 상대방의 약점을 담당하는 삶입니다.

그것은 바로 관심을 갖는 것이고, 이해하는 것이고, 존중히 여기는 것을 말합니다.

(2) 덕을 세우도록 함

2절의 말씀처럼 "덕을 세우도록 할지니라."

덕을 세우는 것이 기쁘게 하는 삶입니다. 언제 덕이 됩니까? 그것은 교회를 중심으로 하고 자신은 양보하는 것이 덕이 됩니다.

(3) 주님께서 비방 받지 않도록 함

3절의 말씀처럼 주님께서 비방을 받지 않도록 하는 것입니다.

"그리스도께서 자기를 기쁘게 하지 아니하셨나니 기록된바 주를 비방하는 자들의 비방이 내게 미쳤나이다 함과 같으니라"고 하였습니다.

부활의 최초 목격자

(요20:1-10)

기독교 신앙은 부활하신 예수님을 만나는 데서 시작하여 부활하신 예수님의 가르침 속에서 훈련받는 데서 성장하고, 부활하신 주님의 말씀에 따라 순종함으로써 열매를 맺게 됩니다.

1. 막달라 마리아가 주님을 알아보지 못함

막달라 마리아가 예수님의 시체에 향을 부으려고 왔다가 부활의 주님을 만나고도 예수님인 줄 알아보지 못했는데 이유가 무엇일가요? 요 20:14절에 보면 "이 말을 하고 뒤로 돌이켜 예수의 서신 것을 보나 예수인 줄 알지 못하더라"고 했습니다. 왜 알아보지 못했을까요?

(1) 주님이 죽은 것만 생각했기 때문

주님의 말씀은 듣지 않고, 사랑하는 주님이 죽은 것만 생각하고 있었기 때문이었습니다.

사람이란 한 가지에 빠지면 다른 것은 보이지 않습니다. 막달라 마리아는 어떻게 예수님의 죽은 몸에 향을 부어 멋진 장례식이 되게 할까 하는 것만 생각했지 예수님이 부활했다고는 전혀 생각지 않았습니다. 그래서 부활하신 주님을 보고도 알아보지 못했던 것입니다.

(2) 슬픔에 빠진 때문

슬픔에 빠져서 부활하신 주님을 보지 못했습니다.

눈물이 앞을 가려 앞에 계신 주님을 보지 못했던 것입니다.

(3) 고정관념에 빠졌기 때문

고정관념에 빠져 있었기 때문에 주님을 보지 못했습니다.

어떤 고정관념입니까? 사람이 죽으면 다시 살지 못한다는 고정관념에 빠져 있었습니다.

2. 막달라 마리아의 확신은 어디서 왔는가?

요 20:18절에 "막달라 마리아가 가서 제자들에게 내가 주를 보았다 하고 또 주께서 자기에게 이렇게 말씀하셨다 이르니라"는 확신의 말을 했습니다. 그 확신이 어디서 나왔을까요?

(1) 빈 무덤을 보고

첫째는 빈 무덤을 보고 주님의 예언을 상기했습니다.

(2) 자기 눈으로 보고

가장 중요한 것은 부활하신 주님을 자기의 눈으로 보았습니다.

(3) 주님의 음성을 듣고

"마리아야." 과거에 자기를 불러주었던 그 다정한 주님의 음성을 직접 들은 것입니다. 그래서 확신이 생긴 것입니다.

(4) 말씀을 그대로 믿고

주님께서 하신 말씀을 상기하면서 액면 그대로 믿었습니다.

3. 막달라 마리아는 어떤 여자인가?

(1) 귀신에 잡혔던 여자

눅 8:2절에 보면 "일곱 귀신이 나간 자"라고 했습니다. 예수님을 만나 7귀신을 쫓아냄을 받았던 것입니다. 그래서 마리아는 항상 빚진 자의 삶을 산 사람입니다.

(2) 예수님께 기름 부은 여자

옥합을 깨고 예수님에게 기름을 부었습니다(눅7:36-40).

성경에는 예수님의 발에 향유를 부은 사건이 두 번 기록이 되어 있습니다. 하나는 요 12:3절에 베다니에서 나사로의 누이인 마리아 사건이 나오고 다른 하나는 본문에 나오는 막달라 마리아의 사건입니다.

예수님 당시의 관습에는 손님을 초대하면 세 가지를 합니다. 입맞춤, 발 씻음 그리고 향을 피우거나 손님의 머리에 붓습니다. 그런데 바리새인 시몬은 하나도 예수님에게 시행하지 않았는데 막달라 마리아는 예수님의 발에 향유를 부었던 것입니다.

(3) 주님이 십자가에 달리실 때 지켜본 여자

예수님이 십자가에 달리실 때 옆에서 지켜보았습니다.

"멀리서 바라보는 여자들도 있었는데 그 중에 막달라 마리아와 또 작은 야고보와 요셉의 어머니 마리아와 또 살로매가 있었더니"라고 했습니다(막15:40).

(4) 시신에 향을 부으러 무덤까지 간 여자

십자가에 달리셔서 죽으신 예수님의 몸에 향을 부으려 무덤까지 간 여자였습니다.

"안식일이 지나매 막달라 마리아와 야고보의 어머니 마리아와 또 살로매가 가서 예수께 바르기 위하여 향품을 사두었다가 안식 후 첫날 매우 일찍이 해돋을 때에 무덤으로 가며"(막16:1-2).

불신자와 멍에를 같이하지 말라

(고후6:14-18)

오늘의 요절은 14절입니다. 이 구절을 바로 이해하려면 모세의 오경에 기록된 배경을 알아야 합니다. 레 19:19절 "네 육축을 다른 종류와 교합시키지 말며", 신 22:10절 "너는 소와 나귀를 겨리하여 갈지 말며", 여기서 우리는 옛날 이스라엘의 농사짓는 방법을 보게 됩니다. 두 마리의 소가 함께 멍에를 메고 밭을 갈았던 것입니다.

그러나 소가 한 마리뿐일 때 소와 나귀를 함께 멍에를 매게 하여 짐승에게 고통을 주는 것을 금하고 있는 말씀입니다.

여기서 바울은 밭갈 때 소와 나귀를 함께 멍에를 매지 말아야 하듯이 신자들은 불신자들과 멍에를 같이 하지 말라, 즉 불신 결혼을 하지 말라고 가르칩니다.

1. 불신결혼을 금지한 이유

가정은 에덴동산을 상실한 인간에게 주신 제2의 동산이요, 최초의 학교요, 행복을 만들어내는 공장입니다. 그러므로 결혼은 너무도 중요합니다. 그래서 불신결혼을 금지했던 것입니다.

첫째로 신자들은 새 피조물이기 때문입니다(고후5:17절). 그러므로 영적으로 죽은 자들과 영적으로 하나 되어서는 안 된다는 것입니다. 인간은 관계적 존재이기 때문에 항상 바른 관계를 가져야 합니다. 여기서 관계란 말은 ① 나누다 ② 참여하다는 뜻입니다. 여기서 멍에를 같이 하지 말라는 것은 가깝게 사귀지 말라, 결혼하지 말라는 뜻입니다. 그러므로 불신자와 결혼을 하려면 그들을 먼저 믿게 하고, 세례를 받은 후에 하는 것이 올바른 자세입니다.

둘째로 16절, "우리는 살아계신 하나님의 성전이요." 중요한 것은 우리가 하나님의 성전이라는 점입니다. 성전은 거룩하고 정결해야 합니다. 여기서 우리는 교회란 건물이 아니라 인격이며 믿음의 공동체란 점입니다. 그러나 이것은 교회가 세상과 완전히 접촉하지 말라는 뜻은 아닙니다. 교회는 그 지역사회에 연결되어 있어야 하기 때문입니다. 여기서 우리는 구약시대의 성전에는 지성소가 있고, 성소가 있고, 마당이 있는데 남자와 여자의 마당이 있고, 특히 이방인들의 마당도 있었다는 점을 기억해야 합니다. 여기서 우리는 성전의 사용법을 바로 해야 합니다.

2. 우리는 어떻게 해야 하나?

불신자와의 멍에는 메지 말고, 다만 예수님의 멍에를 메어야 합니다 (마11:29). 멍에의 뜻은? 예수님께서 "내 멍에를 메고 내게 배우라"고 한 것을 보면 여기서는 '훈련', '제자훈련'을 의미합니다.

사 58:6절에서는 "금식은… '멍에의 줄'을 끌러주며"라고 했는데 여기서는 '죄와 나쁜 습관의 얽매임'을 의미하기도 했습니다.

행 15:10절에는 "우리 조상과 우리도 '능히 메지 못하던 멍에'를 제자들의 목에 두려느냐"고 했습니다. 여기서는 율법의 규례를 의미합니다.

갈 5:1절에서는 "그리스도께서 우리로 자유케 하려고 자유를 주셨으니, 그러므로 굳세게 서서 다시는 '종의 멍에'를 메지 말라"고 했습니다.

종의 멍에란 우리를 '억압하는 율법의 규례'에 얽매이지 말라는 뜻입니다.

빌 4:3절에서는 "나와 멍에를 같이 한 자"라고 했습니다. 그것은 바로 복음전파의 '사명'을 표현한 말입니다. 이처럼 성경에는 멍에란 말이 여러 가지의 다른 뜻으로 사용되고 있습니다.

불신자와 멍에를 함께 메지 말라는 말은 결혼을 의미합니다. 소와 나귀는 서로 키가 다르고, 힘이 다르고 성격이 다르기 때문에 너무도 힘이 듭니다. 그래서 유대인들은 율법으로 그것을 금했습니다. 바울은 그 은유를 여기서 결혼에 사용하고 있는 것입니다.

그러면 그 뜻은 무엇입니까?

(1) 불신자와 결혼하지 말라

결혼이 중요하기 때문에 함부로 불신자와 결혼하지 말라는 뜻입니다.

(2) 믿음의 가정끼리 하라

결혼은 두 가정의 문화를 연결시키는 것이기 때문에 믿음의 가정끼리 하라는 것입니다. 바라기는 우리 자녀들의 행복과 하나님 나라의 건설을 위해서 불신결혼을 하지 않기를 권면합니다. 결혼은 일생의 계약이기 때문에 한 번 잘못하면 일생을 고생하고, 결국 불행하게 됩니다. 바라기는 말씀대로 살아서 행복하기를 축원합니다.

불평과 원망의 철학

(행6:1-6)

인간의 불행은 여러 가지 원인이 있습니다만 그 중에 중요한 하나가 바로 불평과 원망입니다. 불평이란 '못마땅하게 여기는 것'을 말합니다. 원망이란 불평 다음에 일어나는 현상으로서 불평하며 미워하는 것을 말합니다. 바로 이 불평과 원망이 우리들을 불행하게 만듭니다.

유다서에 보면 마지막에 정죄를 받는 자들의 명단을 말하면서 "원망하는 자며 불만을 토하는 자"라고 했습니다. 그래서 오늘은 불행의 원인이 되는 이 불평과 원망의 본질을 분석해 보면서 그것을 제거하여, 우리들의 삶에 새로운 변화가 일어나기를 먼저 주님의 이름으로 축원합니다.

1. 불평과 원망의 역사

오늘 본문의 내용은 헬라파 유대인 과부들이 매일 구제에 빠지므로 히브리파 사람을 원망한 것을 해결하기 위해서 안수집사들을 뽑기 시작했다는 내용입니다. 그런데 이 불평과 원망의 뿌리는 그렇게 간단하지 않습니다. 인류의 역사만큼이나 길고도 깊은 뿌리를 가지고 있습니다.

다시 말하면 불평과 원망의 역사는 인간의 불행만큼이나 오랜 역사를 가지고 있습니다. 인간의 불행은 아담과 하와가 선악과를 따먹은 뒤부터 시작됩니다만 불평과 원망의 역사는 바로 그 원인 제공자였습니다.

하와가 선악과를 따먹은 것은 뱀의 유혹이 근본 원인입니다. 그런데 그 내용을 보면 창세기 3장 1절에 "뱀이 여자에게 물어 가로되 하나님이 참으로 너희더러 동산 모든 나무의 실과를 먹지 말라 하시더냐?"고, 불평의 원인을 제공하고, 부추기는 데서 시작되었습니다.

또 창세기 4장에 보면 가인이 자신의 제사가 하나님께 열납되지 않음을 심히 분하여 마침내 동생 아벨을 죽였다고 했습니다. 바로 불평과 원망이 살인으로 변하였던 것입니다. 요셉의 형제들이 요셉을 죽이려고 했던 것도 아버지의 편애에 대한 불평에서 시작되었던 것입니다. 따라서 인간의 불평과 원망의 역사는 바로 불행의 역사와 함께 걸어 왔습니다.

불평과 원망의 가장 대표적인 역사는 바로 출애굽 후의 광야에서의 이스라엘의 역사 자체라고 할 수 있습니다. 14:11절을 보면 이스라엘 백성들의 불평이 터져 나오는 것을 볼 수 있습니다. 무엇이라고 불평을 했습니까?

"그들이 또 모세에게 이르되 애굽에 매장지가 없어서 당신이 우리를 이끌어내어 이 광야에서 죽게 하느뇨? 어찌하여 당신이 우리를 애굽에서 이끌어 내어 이같이 우리에게 하느뇨?" 지금 당하고 있는 난관이 바로 모세로 인해서 생겨진 것이라는 불평입니다. 그 말속에는 출애굽을 인도한 모세에 대한 감사는 조금도 없습니다. 처음부터 끝까지 전부가 불평이고 원망입니다.

12절에는 "우리를 버려두라 우리가 애굽 사람을 섬길 것이라 하지 아니 하더뇨? 애굽 사람을 섬기는 것이 광야에서 죽는 것보다 낫겠노라"고 비교까지 합니다. 과거의 노예 생활이 지긋지긋하다고 하지 않고, 그때가 지금보다는 더 낫다는 것입니다. 그러자 모세는 이런 불평과 원망을 하는 이스라엘 백성들을 향하여 그의 유명한 설교를 13절과 14절에서 시작합니다.

"너희는 두려워 말고, 가만히 서서 여호와께서 오늘날 너희를 위하여 행하시는 구원을 보라. 너희가 오늘 본 애굽 사람을 또 다시는 영원히 보지 못하리라. 여호와께서 너희를 위하여 싸우시리니 너희는 가만히 있을지니라." 모세의 기도를 응답하신 여호와께서는 큰 동풍으로 밤새도록 바닷물을 물러가게 하셔서 갈라지게 했고, 마침내 바다가 마른 땅이 되었다고 했습니다. 역사상 가장 놀라운 하나님의 권능과 기적이 일어난 것입니다. 그러자 31절에 보면 이스라엘이 여호와께서 애굽 사람들에게 베푸신 큰일을 보았으므로 백성이 여호와를 경외하며 여호와와 그 종 모세를 믿었더라고 했습니다. 그러나 그런 것은 잠시 잠깐이었습니다.

15:24절에 보면 다시 옛날의 병이 도졌습니다. 마라에 왔을 때에 물이 써서 마시지 못하여 목이 마르게 되자 또 불평과 원망이 시작된 것입니다. 참으로 건망증이 심한 백성이었습니다. 그러나 따지고 보면 금년 일 년 동안 살아온 우리들의 얼굴이 아닐까요? 그러므로 불평과 원망을 하지 말고, 감사와 순종만 하시기를 축원합니다.

출 16:8절에 보면 메뉴가 다양하지 않다고 해서 모세와 아론에게 뿐만 아니라 하나님에게도 불평하고 원망하였다고 했습니다. 이런 이스라엘의 불평과 원망의 병은 광야의 역사를 기록한 민수기에도 계속하였습니다. 너무도 답답한 하나님께서 민 14:27절에 보면 "나를 원망하는 이 회중을 내가 어느 때까지 참으랴?" 하고 한탄을 하였습니다.

민 14:22절에서는 하나님께서 이스라엘에게 베푸신 광야에서의 이적이 무려 열 번이나 되는데도 건망증이 심한 이스라엘은 그것을 잊고, 불평과 원망만 계속하였다고 했습니다.

재미있는 것은 민 16:11절에서는 하나님께서 '지도자론'을 펴시면서 내가 세운 이론을 너희가 불평을 하나니 그것은 바로 나를 거슬리는 것이라"고 말씀했습니다.

그러면 불평과 원망의 그 원인을 분석해 보겠습니다.

2. 불평과 원망의 원인

오늘 본문에서는 불평과 원망의 원인이 '불공정한 행정'에서 비롯되었다는 것을 말씀하고 있습니다. 초대교회도 완전한 교회 행정을 한 것은 아닙니다. 초대 교회 안에는 언어의 장벽이 있었습니다. 헬라어를 사용하는 교인들과 히브리어를 사용하는 교인들이 있었습니다. 그런데 헬라어를 사용하는 과부들이 구제에서 빠졌습니다. 그래서 이 불공정한 행정을 보다 공정한 행정이 되도록 하기 위해서 안수집사의 역사가 시작되었다는 내용입니다.

그런데 성경에서 불평과 원망의 원인을 보면, 대단히 다양한 것을 알 수 있습니다. 욥기에 보면 '영혼의 괴로움' 때문에 하나님께 불평하는 내용이 나옵니다(욥7:11).

또 두려움에서 불평이 나오기도 합니다(신1:27). 광야에서의 이스라엘을 보면 배가 고파서 불평하였고(민 21:5), '목말라' 불평하였고(출17:3), '길이 나쁘다고' 불평하였고, '고기가 먹고 싶다고' 불평하였습니다. 여호수아 9:18절에 보면 '부당한 처사'로 인해서 불행하였다고 했습니다.

그러나 불평의 원인을 분석해 보면 결국 근본적으로는 '불만족'에서 옵니다(마20:11). 다음은 하나님께 대한 확고한 믿음이 없기 때문에 생기는 것입니다. 또 과거에 주신 은혜를 잊은 영적인 '건망증' 때문에 불평이 나오는 것입니다. 아니 하나님께 대한 불신에서 불평과 원망이 옵니다. '자기의 생각이 옳고, 하나님은 틀렸다는 데서' 불평과 원망이 옵니다. 그러므로 불평과 원망은 죄악입니다.

3. 불평과 원망의 결과

(1) 나쁜 버릇이 됨

무서운 것은 불평과 원망은 '나쁜 버릇'이 됩니다. 일단 버릇이 되면 이 불평의 버릇은 버리기가 힘듭니다. 마치 다 큰 나무를 펴려고 하는 것처럼 거의 불가능합니다. 왜냐하면 일단 불평과 원망의 버릇이 생기면 모든 사고방식이 부정적으로 변하고, 성격이 삐딱해지게 되어 불행의 늪에 빠지게 됩니다. 이것이 가장 무서운 결과입니다.

(2) 불평 원망은 불행하게 만듦

불평과 원망은 우리들을 불행하게 만들고 모든 일에 실패하게 만듭니다. 불평은 없는 데서 오는 것이 아닙니다. 비교하는 데서 옵니다. CS Lewis가 말한 대로 현대에 사탄 마귀가 가장 많이 사용하는 무기가 바로 이 비교의식입니다.

성공한 사람들을 보면 모두 긍정적입니다. 밝은 면을 봅니다. 실패를 연단으로 봅니다. 그러나 불평과 원망을 하는 사람은 실패를 남의 탓으로만 돌립니다. '네 탓이야, 아니야 네 탓이야'. 과연 누구 탓입니까? 바로 나의 탓입니다. 그러므로 이 불평과 원망의 병은 고치기가 어렵습니다. 그러다가 성공하면 누구 탓으로 돌립니까? 자기가 잘나서 성공했다고 교만해 하는 것입니다. '내 공로야 내가 했지'. 과연 누가 했습니까? 하나님이 하셨습니다. 우리 한번 따라 합니다.

"하나님이 하여 주셨습니다". "하나님의 은혜입니다". 할렐루야.

(3) 하나님의 심판을 받음

불평과 원망은 마지막에 '하나님의 심판'을 받습니다. 그러므로 우리는 좀 불평할 것이 있어도 모든 것을 긍정적으로 보도록 노력해야 합니다. 지옥이 괴로운 것은 불의 심판도 힘들지만 불평과 원망의 소리로 인해서 귀가 아파서, 괴로운 것입니다.

4. 불평과 원망을 제거해야 하는 이유와 그 비결

(1) 불평과 원망을 제거해야 하는 이유

우리가 불평과 원망을 반드시 제거해야하는 것은 몇 가지 이유가 있기 때문입니다.

첫째는 불평은 불평을 낳고, 그 불평은 '또 다른 불평을 낳기 때문'입니다. 불평으로 가득 찬 가정이나 사업장에 축복이 내린 것을 보지 못하기 때문입니다.

둘째는 불평과 원망은 하나님의 심판을 받기 때문입니다(약5:9). 왜냐하면 모세에 대한 불평이 결국은 하나님께 대한 불평이고, 불신이었기 때문에 하나님이 기뻐하지 않습니다.

셋째로 불평과 원망 속에서 드리는 예배는 하나님이 받지 않기 때문입니다. 그래서 마 5:23-24절에 보면 "그러므로 예물을 제단에 드리다가 거기서 네 형제에게 원망 들을 만한 일이 있는 줄 생각나거든 예물을 제단 앞에 두고 먼저 가서 형제와 화목하고 그 후에 와서 예물을 드리라"고 했습니다.

예배가 물론 가장 중요합니다. 그러나 예배보다 순서적으로 앞서야 할 것은 형제간의 불평과 원망의 문제를 제거해야 한다는 말씀입니다.

끝으로 성경이 우리들에게 모든 일을 원망과 불평이 없이 하라고 '권면'하고 있기 때문에 우리들은 불평과 원망을 버려야 합니다. 레 19:18절에서는 "동포를 원망하지 말라"고 했고, 빌 2:14절에서는 "모든 일을 원망과 시비가 없이 하라"고 했습니다.

(2) 어떻게 불평과 원망을 제거할 수 있나?

첫째로 우리의 마음을 선에서 불평과 원망이 없어집니다. 사실 불평은 문제가 커서 생겨지는 것은 아닙니다. 우리의 마음이 좁기 때문에 생겨집니다. 어떻게 마음을 넓힐 수 있습니까? 그것은 하나님의 넓고도 깊은 사랑을 체험할 때와 기도할 때만 가능합니다.

둘째로 합력해서 선을 이루시는 '하나님의 섭리를 믿을 때' 궁극적으로 해결됩니다. 롬 8:28절에 보면 분명히 말씀하고 있습니다. "우리가 알거니와 하나님을 사랑하는 자 곧 그 뜻대로 부르심을 입은 자들에게는 모든 것이 합력하여 선을 이루느니라"고 했습니다. 따라서 불평은 불신의 뿌리에서 생겨지는 독버섯입니다.

셋째로 '악인의 형통'을 현실 속에서만 보는 데서 불평이 생기는 경우가 있습니다. 그러므로 우리는 모든 현실을 수평적으로만 보지 말고, 하나님의 입장에서, 영원 속에서 보아야 불평과 원망이 제거됩니다. 시 37:1절에 "행악자를 인하여 불평하여 하지 말라"고 했습니다.

끝으로 가장 중요한 것은 '감사의 생활을 습관화'할 때 불평과 원망은 안개처럼 사라집니다. 세상에 감사보다 더 좋은 보약은 없습니다. 왜냐하면 모든 것을 긍정적으로 보고 하나님의 입장에서 생각하고, 믿음으로 보기 때문입니다. 그동안 우리들이 살아가면서 가지고 있었던 불평과 원망을 다 버리고 감사와 기쁨의 남은 날이 될 수 있기를 축원합니다.

불행한 일(폐단)은?

(전6:1-6)

1절에 보면 "내가 해 아래서 한 가지 폐단이 있는 것을 보았나니"라고 했는데 이것을 개역개정판에서는 '불행한 일'이라고 번역을 했습니다.

1. 재물과 부요와 존귀

2절에 "재물과 부요와 존귀를 하나님께 받았으나 능히 누리게 하심을 얻지 못하였으므로"라고 했습니다.

재물과 부요와 존귀는 인간이 원하는 것들입니다. 문제는 이런 것을 받기는 받았는데 그것을 누리지 못하고 죽는 사람들이 있다는 것입니다. 그것이 참으로 불행한 것이라고 했습니다.

2. 다른 사람이 누리나니

2절에 "다른 사람이 누리나니"라고 했습니다.

우리말에 "돈 버는 놈 따로 있고, 쓰는 놈 따로 있다"는 말이 있습니다. 정말 그렇습니다.

3. 심령에 낙이 없는 사람

3절에 보면 자녀가 많고, 장수의 복을 받았으나 심령에 낙이 없는 사람은 참으로 불행한 사람이라고 했습니다.

장수하는 것은 참으로 복입니다. 또 자녀들이 많은 것도 복입니다.

그러나 그런 축복을 누리지 못하고 살다가 간다면 참으로 불행하다는 것입니다.

4. 몸이 매장되지 못하면

3절에 "그 몸이 매장되지 못하면 나는 이르기를 낙태된 자가 저보다 낫다 하노니"라고 했습니다.

솔로몬은 인간에게 있어서 가장 중요한 것은 죽은 뒤에 판결이 난다고 보고 있습니다.

매장하지 못한 사람은 어떤 사람입니까?

첫째 국가의 큰 범죄자

둘째 살인자

셋째 적과 내통하다가 죽은 자

넷째 자녀 없이 죽은 자라고 했습니다.

다른 각도에서 말하면 받아도 누리지 못하면 참으로 불행한 사람이란 것입니다. 우리는 받은 것을 누리지 못하는 것은 없습니까?

오늘의 말씀의 결론은 6절에 나옵니다.

"저가 비록 천년의 갑절을 산다 할지라도 낙을 누리지 못하면 마침내 다 한 곳으로 돌아가는 것뿐이 아니냐?"

낙을 누리는 비결은 자족하기를 배워야 합니다. 그것은 감사함으로 시작되고, 감사함으로 계속되고, 감사함으로 완성됩니다.

브리스가와 아굴라

(롬16:3-4)

브리스가(브리스길라 라고도 부름)와 아굴라(독수리라는 뜻)는 부부입니다. 그런데 아내의 이름 브리스가는 앞에 나오고 남편의 이름인 아굴라가 뒤에 나옵니다. 그러나 고린도전서 16:19절에서는 남편의 이름이 앞에 나옵니다. 이름은 순서는 고린도교회에서의 서열을 보여 주는 것입니다. 그러나 디모데후서 4:199절에 보면 아내의 이름이 또 앞에 나옵니다. 그것은 당신 브리스가는 교회의 유력한 지도자였음을 짐작케 합니다.

1. 브리스가(행18:2)는 어떤 사람인가?

(1) 바울의 동역자

고린도 교회의 열심 있는 창립 멤버요 바울의 동역자였습니다(롬16:3; 고전16:19).

행 18:18절에 보면 바울의 에베소 선교를 위한 동행자로 되어 있습니다. 무엇보다 중요한 것은 행 18:28절에 보면 바울과 함께 에베소에 갔을 때에 아볼로를 만나 그를 "데려다가 하나님의 도를 더 자세히 풀어 이르더라"고 했습니다. 이것을 보면 처음에는 아볼로보다도 더 교회의 지도자로서의 중요한 위치에 있었던 것을 볼 수 있습니다.

(2) 행 18:2절에 보면 바울과 아굴라 부부가 어떻게 서로 만나게 되

고 함께 일하게 되었는가를 말해줍니다.

"아굴라라 하는 본도에서 난 유대인 하나를 만나니 글라우디오가 모든 유대인을 명하여 로마에서 떠나라 한 고로 그가 그 아내 브리스길라와 함께 이달리야로부터 새로 온지라 바울이 그들에게 가매" 중요한 것은 아굴라와 브리스가는 바울처럼 천막을 깁는 사람이기에 자연히 바울과 동업인으로 자주 만나 에베소 여행도 함께할 수 있었던 것입니다. 로마서에 그들의 이름이 나오는 것을 보면 후에 로마로 다시 돌아와 교회에서도 중요한 직책을 갖고 봉사한 것을 알 수 있습니다.

(3) 브리스가와 아굴라의 봉사

첫째 롬16:4절에 "저희는 내 목숨을 위하여 자기의 목이라도 내어 놓았나니"라고 했습니다. 바울을 생명을 다 바쳐 봉사했다는 말입니다. 그것은 바울이 설교하고, 섬기는 주님이 그들의 생명을 구해주었다고 믿었기 때문입니다.

둘째 "나뿐 아니라 이방인의 모든 교회도 저희에게 감사하느니라"고 했습니다. 모든 이들이 이들 부부에 대해서 감사한다는 것은 얼마나 많은 봉사를 하였는가를 말해줍니다.

이런 내용을 보면 교회 발전에 평신도들의 봉사가 얼마나 큰 영향을 끼치는지 알 수 있습니다.

빚진 자의 심정

(롬15:22-29)

본문에는 바울이 로마서를 기록하게 된 목적을 상세히 기록하고 있습니다. 이 말씀 속에서 우리는 바울이 빚진 자의 심정을 가지고 있었다는 것을 알 수 있습니다.

1. "내가 다 빚진 자라"(롬1:14)

(1) 가려 하던 것이 여러 번

22절에 "내가 너희에게 가려 하던 것이 여러 번 막혔더니.

(2) 너희와 교제하여

24절에는 그 목적이 나옵니다. "이는 지나가는 길에 너희를 보고", "너희와 교제하여"

(3) 그들에게 빚진 자

"저희는 그들에게 빚진 자니"('저희는'26절에 보면 '마가도냐와 아가야 사람들'이라고 했습니다. '그들에게'는 예루살렘 교회를 말합니다. 예루살렘 교회를 통하여 복음을 들었기 때문에 영적으로 빚진 자라는 뜻입니다)

롬 1:14절에는 바울이 자신이 빚진 자라는 것을 말씀하고 있습니다. "헬라인이나 야만인이나 지혜 있는 자나 어리석은 자에게 다 내가 빚진 자라."

2. 빚의 성격

(1) 빚은 반드시 갚아야 함

이 세상에서 빚을 안 갚으면 감옥에도 들어갈 수 있습니다.

(2) 어떤 종류의 빚인가?

물질적인 빚도 꼭 갚아야 하는 법적인 의무가 있지만, 우리는 다 사랑의 빚을 그리스도와 성도들에게 빚진 자들입니다.

(3) 복음의 빚을 갚아야

어떻게 사랑의 빚, 복음의 빚을 갚아야 하는가?

딤후 2:2절에 그 해답이 있습니다. " 또 네가 많은 증인 앞에서 내게 들은 바를 충성된 사람들에게 부탁하라. 저희가 또 다른 사람들에게 가르칠 수 있으리라"고 하였습니다.

3. 복음의 빚을 갚을 때 주시는 축복

(1) 하나님께 칭찬을 받음

롬 10:15절에 보면 "보내심을 받지 아니하였으면 어찌 전파하리요 기록된바 아름답도다. 좋은 소식을 전하는 자들의 발이여 함과 같으니라"고 하였습니다.

(2) 하나님께 영광이 됨

인생의 목적은 하나님께 영광을 돌리는 것인데 그 목적을 이루게 됨으로 마음에 기쁨이 되고, 보람을 느낍니다.

(3) 믿음이 점점 성숙

개인의 믿음이 점점 성숙하게 됩니다.

(4) 나라의 확장에 쓰임

하나님 나라의 확장에 쓰임을 받습니다.

사랑을 따라 구하라

(고전14:1-5)

사람이 세상을 살아가는 데는 필요한 것이 많습니다. 그래서 이런 것도 구하고 저런 것도 구합니다. 그러나 모든 것이 다 좋은 것은 아닙니다. 나쁜 것들도 있습니다. 그래서 우리는 무엇을 구할 때 표준이 있어야 합니다. 본문에서는 1절에서 사랑을 따라 추구하라고 했습니다. 여기서 말하는 사랑은 아가페의 사랑입니다. 다시 말하면 무엇을 추구하든지 항상 하나님의 사랑을 표준으로 해서 추구하면 틀림이 없다는 것입니다.

1. 사랑을 따라 구하라

세 가지의 중요한 뜻이 있습니다.

(1) 하나님을 표준으로

나를 표준으로 삼지 말고 '하나님을 표준으로' 삼으라는 뜻입니다. 인간의 저울과 자는 항상 변합니다. 자기에게 유리하도록 변합니다. 그래서 우리는 자주 자신의 표준을 체크하고, 조정해야 합니다. 무엇에다 맞춥니까? 바로 하나님이십니다. 모든 것은 하나님께서 창조하셨기 때문에 모든 것의 표준은 바로 하나님 자신이십니다.

(2) 이기주의적으로 하지 말고

무엇을 추구하든지 이기주의적 목적으로 하지 말고 이타주의적 목적으로 하라는 것입니다. 우리말에 '팔은 안으로 굽는다'는 말이 있습니다. 모든 것을 자기가 가지려 하고, 자기의 표준으로 판단한다는 말씀입니다.

(3) 남을 배려하는 마음으로

타인을 배려하는 마음으로 하라는 것입니다. 말을 해도 이 말이 남들의 마음을 아프게 하는 것은 아닌가? 이 말이 남에게 유익이 되는가? 하고 생각하라는 것입니다.

행동도 마찬가지입니다. 자동차를 주차할 때도 남들이 다니기에 불편하지 않도록 하고 교회에서 봉사를 할 때에도 남들을 먼저 생각하는 것이 필요합니다.

2. 왜 사랑을 따라 구해야 하는가?

(1) 욕심으로 하지 않으려고

범죄한 인간은 '항상 욕심으로' 모든 것을 구하기 때문입니다. 모든 것을 욕심으로 하지 않으려면 거듭나서 하나님의 백성이 되어야 합니다. 그때에 비로소 '내'가 아니라 '우리'가 표준이 됩니다. 그것이 바로 사랑입니다.

(2) 하나님께 영광을 위하여

사랑을 따라 구해야 '하나님께 영광'이 되는 삶을 살게 되기 때문입니다. 우리는 하나님의 영광이란 말을 많이 합니다. 그러나 사실은 자신의 영광을 위해서 살고, 하나님의 영광을 구하지 않으면서 하나님의 영광이란 말을 침이 마르도록 합니다.

(3) 하나님의 축복을 받음

사랑을 따라 구할 때 '하나님으로부터 축복'을 받게 되기 때문입니다. 하나님의 본질은 바로 사랑입니다. 요일 4:8절에 보면 "사랑하지 아니하는 사람은 하나님을 알지 못하나니 이는 하나님은 사랑이심이라"고 했습니다. 하나님의 본질이 사랑이기 때문에 그는 사랑하는 자들을 더 축복하십니다.

(4) 축복을 남에게 나누어 줌

사랑으로 구할 때만이 다른 사람들에게도 축복이 되기 때문입니다. 우리는 축복을 다른 사람들에게 나누어주어야 합니다. 왜냐하면 그렇지 않을 때에는 우리도 죽기 때문입니다.

3. 사랑을 따라 구하는 삶

(1) 덕을 세우는 삶

4절의 말씀처럼 덕을 세우는 삶을 말합니다.

세상 사람처럼 살려면 쉽습니다. 그냥 그들처럼 하고, 내가 하고 싶은 대로 살면 되기 때문입니다.

그러나 우리는 어디를 가든지 덕을 세우는 삶을 살아야 합니다. 그것은 저의 목회철학인 고전 10:33절처럼 남을 기쁘게 해주고, 남의 유익을 구하면 됩니다.

(2) 믿음으로 사는 삶

믿음으로 사는 삶이란 하나님만을 의지하고, 하나님 앞에서 사는 삶을 말합니다.

(3) 사랑으로 사는 삶

하나님께 사랑을 가지고 사는 사람은 항상 소망을 따라 삽니다. '위엣 것을 바라보면서' 삽니다. 종말론적 삶을 삽니다.

(4) 남들을 기쁘게 함

고전 10:33절의 말씀처럼 다른 사람들을 기쁘게 하고, 다른 사람들의 유익을 구하고, 그들로 하여금 구원을 얻도록 힘쓰는 생활입니다.

사랑을 따라 구하라는 말씀은 우리들에게 어떻게 살아야 할 것인가를 가르쳐주는 삶의 원리입니다. 이것을 흔히 하는 말로 말하면 인생철학입니다. 공부를 해도 사랑을 따라 하고, 돈을 벌어도 사랑을 따라 하고, 직장생활을 해도 사랑을 따라 하면 하나님께는 영광, 자신에게는 축복이 될 것입니다.

사랑의 열매는

(고전13:4-7)

1. 사랑은 인내와 친절의 열매를 맺음

먼저 사랑이란 나무에는 '인내와 친절의 열매'를 맺습니다.

여기서 말하는 사랑은 일반적인 사랑이 아니라, 하나님의 사랑인 아가페의 사랑입니다.

사랑에는 육적인 사랑인 에로스의 사랑이 있고, 친구간의 사랑인 필리아의 사랑이 있고, 가족간의 사랑인 스톨게의 사랑이 있습니다. 그러나 성경에서 말하는 사랑은 대부분의 경우 아가페의 사랑, 즉 하나님의 사랑을 말씀하고 있습니다. 그러면 이 하나님의 사랑은 어떤 열매가 있습니까?

2. 사랑에는 '질투와 시기의 열매'가 맺지 않음.

(예화) 우리말에 사촌이 땅을 사면 배가 아프다고 하는데 사랑하는
    이들이 잘 될 때는 내 일보다 더 기쁘다 왜냐하면 사랑하기
    때문입니다. 남편이 잘 되는데 아내가 질투하거나 시기하지
    않습니다. 왜냐하면 사랑하기 때문입니다. 그러나 경쟁관계에
    있는 사람들이 잘 될 때에는 대부분의 경우에는 질투하고, 시
    기하는 것이 사람입니다. 그 사람의 위치, 그 사람의 재물,
    그 사람의 인정받음 등. 모든 것에 배가 아픈 것입니다. 시기

하고 질투하기 때문입니다.

3. 사랑에는 '자랑과 교만의 열매'가 맺지 않음

예를 들면 자식으로 인해 고통을 당하는 사람에게 내 자식의 자랑을 하지 않습니다.

예를 들어서 대학진학을 못한 부모 앞에서는 우리 아들 서울의 모 일류대학에 들어갔다느니 하고 자랑하지 않습니다.

자식을 결혼 못시킨 부모 앞에서는 내 자식 이번에 며느리가 어떻고 하지 않습니다. 불행한 사람, 실패한 사람 앞에서 자기의 성공을 자랑하며 으쓱거리지 않습니다.

남을 배려하는 마음이 있기 때문입니다.

4. 사랑에는 '무례와 이기주의의 열매'가 맺지 않음.

사랑은 언제나 상대방 중심이지 나 중심이 아닙니다. 남편을 사랑하는 아내는 남편이 좋아하는 음식을 만들고, 남편이 좋아하도록 집안을 디자인합니다. 자기중심으로 하지 않습니다. 게다가 언제나 예의를 지킵니다.

5. 사랑에는 '불의의 열매'가 맺지 않음

사랑에는 '진리가 승리할 때 함께 기뻐하는 열매'가 맺힙니다. 세상이 잘못되는 것을 보면 괴로워하고 슬퍼하지 아이 속 시원해 하고 기뻐하지 않습니다.

6. 사랑에는 '승리의 열매'가 맺힘

가장 중요한 것은 사랑에는 힘이 있습니다.

그러므로 일을 이루게 합니다. 공부를 잘하는 비결은 지식에 대한 사랑이 있어야 합니다.

부모가 자녀를 성공시키는 것은 바로 사랑의 힘입니다. 자식을 성공시키는 것은 부모의 사랑이고, 남편을 성공시키는 것은 아내의 힘이고, 교회를 성장시키는 것은 목회자와 교인들의 교회에 대한 사랑입니다.

그러므로 사랑의 소유자가 됩시다. 사랑이란 바로 하나님을 섬기는 사랑에서 옵니다. 그는 모든 일에 성공합니다. 그러므로 사랑하는 사람이 됩시다. 그러면 나도 행복해지고, 남도 행복해지고, 하나님께도 영광이 될 줄로 믿습니다.

사랑이 없으면

(고전13:1-3)

우리가 세상을 살아가는데 필요한 것이 많이 있습니다. 돈도 필요하고, 건강도 필요하고, 집과 덮는 것과 입는 것도 필요합니다. 어떤 분이 사람이 살아가는데 필요한 것을 조사해 보았더니 80가지만 있으면 된다는 것입니다.

그러나 우리는 지금 천 가지를 가지고 있으면서도 더 필요한 것이 있어서 문제입니다. 그러나 이 모든 것이 다 있어도 '사랑이 없으면' 인간은 행복할 수가 없습니다. 그래서 이 시간에는 사랑이 없으면이란 제목으로 함께 은혜를 나누려고 합니다.

오늘 본문을 보면 매절마다 '사랑이 없으면'이란 말이 1절, 2절, 3절에 매번 '사랑이 없으면'이란 말이 나옵니다. 왜냐하면 사랑이란 말은 사람이란 말과 어원이 같고, 뗄 수 없는 관계를 가지고 있기 때문입니다.

1. 신앙생활에서 방언은 중요함

오순절 때에 성령이 임할 때 방언의 역사가 함께 일어났기 때문입니다. 그러나 방언하는 것이 성령 받은 것과 동일한 것은 아닙니다. 지금 방언에 대한 강조가 처음 순복음교회가 시작될 때처럼 난리를 피우지는 않고 있지만 아직도 방언과 성령 받은 것을 동일시하는 경향이 있는데 그것은 잘못된 생각입니다. 왜냐하면 타 종교에도 방언은 있기 때문입니다. 방언이란 신앙생활 속에서 특히 기도할 때에 황홀한 체험 속에서 알 수 없는 말을 하는 것을 말하는 것입니다. 그래서 중요하지만 더 중요한 것은 사랑이란 것을 잊지 말아야 합니다.

2. 사랑이 없으면 어떻게 되는가?

(1) 소리 나는 구리와 울리는 꽹과리

사랑이 없으면 방언은 "소리 나는 구리와 울리는 꽹과리"와 같이 무의미하게 된다고 했습니다. 표준 새 번역에 잘 번역이 되어 있습니다. "울리는 징이나 요란한 꽹과리가 될 뿐입니다."

(2) 사랑이 없으면 모두가 무의미함

2절의 말씀처럼 신앙생활에서 예언하는 것이나 능력을 일으키는 신앙이나 이런 은사를 받는다는 것은 굉장한 일입니다. 그러나 사랑이 없으면 그것은 아무 것도 아니라는 것입니다. 예언도 신유의 은사도 사랑이 없으면 다 무의미하다는 것입니다. 지금 우리는 교회성장을 원합니다만 그러나 사랑이 없으면 그것도 무의미하다는 것입니다. 믿습니까?

(3) 아무런 유익이 없음

3절의 말씀처럼 신앙생활에서 구제하고, 온 몸을 드려 순교하고, 희생하는 것은 참으로 위대한 일입니다. 그러나 그런 경우에도 사랑이 없다면 그것은 아무런 유익이 없다고 했습니다. 하나님께도 영광이 되지 않고, 자신에게도 유익이 없다는 것입니다. 그러므로 사랑은 그 무엇과도 비교할 수 없는 아주 중요한 것입니다.

3. 우리는 어떻게 살아야 하는가?

(1) 삶에 가장 중요한 것은 사랑

삶에서 가장 중요한 것은 사랑이란 것입니다. 가정에서도 가장 중요한 것은 사랑이고, 직장에서도 가장 중요한 것은 사랑이고, 교회에서도 가장 중요한 것은 사랑이란 말씀입니다. 사회에서도 가장 중요한 것은 사랑입니다. 왜냐하면 사랑에서 행복도 오고, 사랑에서 성공도 오고, 모든 것이 다 사랑에서 오기 때문입니다.

(2) 모든 것은 사랑에서 시작해야

모든 것은 사랑에서 시작해야 합니다. 철학은 영어로 Philosophy(필로소피)라고 하는데 그것은 필리아란 말과 소피아란 말의 합성어입니다. 즉 지혜에 대한 사랑이란 뜻입니다. 모든 학문까지도 사랑에서 시작하기 때문입니다. 인간의 행복도 사랑에서 시작되고, 신앙생활도 하나님께 대한 사랑에서 시작됩니다. 그러므로 사랑이 없으면 아무것도 시작한 것이 없는 것과 같습니다.

(3) 사랑이 없으면

'사랑이 없으면'이란 이 말씀은 우리의 신앙생활에서 또는 가정생활에서 가장 중요한 것이 무엇인가를 생각하게 해줍니다. 그러므로 모든 것을 사랑에서 시작하고, 사랑으로 진행하고, 사랑으로 열매 맺기를 축원합니다. 왜냐하면, 사람이란 말과 사랑이란 말은 어원이 같기 때문입니다.

그러므로 오늘부터라도 우리는 사랑에서 모든 것을 시작할 수 있기를 축원합니다. 교회생활도 사랑에서 시작하고, 가정생활도 사랑에서 시작하고, 직장생활도 사랑에서 시작하고 모든 것을 다 사랑에서 시작할 수 있기를 축원합니다.

사마리아의 죄악과 받을 벌

(사9:8-21)

1. 사마리아의 죄악

그것은 교만과 완악한 마음이었습니다(9절).

2. 하나님께서 어떻게 사마리아를 징계하셨는가?

주전 732년에 다메섹의 레신을 멸한 앗수르의 딛글랏 빌레셀(왕하 15:29; 16:7,10)을 통해서 북 왕국을 쳐들어 왔습니다. 그러나 에브라임 은 하나님의 이 마지막 경고를 무시했습니다. 그것을 9절에서 "교만하 고 완악한 마음"이라고 표현했습니다.

3. 사마리아인들의 교만과 완악함

10절에 잘 나타납니다. "벽돌이 무너졌으나 우리는 다듬은 돌로 쌓고, 뽕 나무들이 찍혔으나 우리는 백향목으로 그것을 대신하리라"고 했습니다.

4. 교만의 결과

11절에 그 교만과 완악함의 결과로 인한 하나님의 심판을 기록하고 있습니다. "치게 하시며", "격동시키시리니"라고 하였습니다.

12절에는 하나님의 진노의 강도를 표현합니다.

"앞에는 아람 사람이요, 뒤에는 블레셋 사람이라. 그들이 그 입을 벌 려 이스라엘을 삼키리라." "그 손이 여전히 펴지리라(들고 계신다는 뜻)".

5. 하나님의 채찍을 맞은 이스라엘

13절에 나옵니다. "치신 자에게로 돌아오지 아니하며 만군의 여호와를 찾지 아니하도다."

6. 이스라엘 지도자들의 표현

15절에 머리(장로와 존귀한 자)와 꼬리(거짓말을 가르치는 선지자), '종려가지와 갈대'라고 했습니다.

7. 지도자들의 타락

16절에는 지도자들의 타락으로 인해서 망한다는 것을 강조합니다. 이것은 지금도 마찬가입니다. 그러므로 지도자들은 항상 조심해야 합니다.

8. 당시 백성들의 죄악

17절에 기록되어 있습니다.

첫째 "설만"(행동이 거만하고 무례함)하였습니다.

둘째 "악을 행하며 입으로 망령되이 말하니"라고 하였습니다.

9. 죄악의 결과

(1) 심판

8-21절에 죄의 결과로 인한 심판을 언급하였습니다.

첫째 "이 땅이 소화되리니"(19절).

둘째 불을 때는 땔감같이 되며

셋째 아무도 형제자매를 아끼지 않습니다.

넷째 오른쪽에서 뜯어 먹어도 배가 고프고, 왼쪽에서 삼켜도 배부르지 않아, 각각 제 팔뚝의 살점을 뜯어 먹을 것입니다.

다섯째 "여호와의 노가 쉬지 아니하며 그 손이 여전히 펴지리라"고 하였습니다.

사물의 이치를 아는 자는

(전8:1-8)

1절에 "사리의 해석을 아는 자 누구랴"란 말로 시작하고 있습니다. 그 말의 뜻은 사물의 이치를 아는 자가 누구냐? 라는 말입니다.

1. 사물의 이치를 아는 자

(1) 지도자의 말을 지키는 자

사물의 이치를 아는 자는 '지도자의 말을 지키는 자'라고 했습니다.

2절에 보면 "왕의 명령을 지키라"는 말로 되어 있습니다. 그것을 현대적인 말로 적용하면 지도자의 말을 지키라는 뜻입니다.

그 다음에 그 이유를 밝히고 있습니다. "이미 하나님을 가리켜 맹세하였음이니라."

우리 주변에는 하나님의 권위로 임명된 많은 직책의 사람들이 있습니다. 가깝게는 부모님들이 바로 하나님이 주신 권위를 가지신 분들입니다. 교회에는 목회자와 장로들이 하나님이 주신 권위를 가지신 분들입니다.

국가에는 대통령이 바로 하나님이 주신 권위를 가진 사람입니다. 이들에게는 그 명령에 순종하라는 것입니다. 이것은 불의한 명령에도 복종하라는 뜻은 아닙니다. 하나님의 뜻에 부합할 때에 명령에 복종하라는 조건적 명령입니다.

(2) 고집하지 마라

지도자가 싫어하는 것을 '고집하지 마라'. 그것이 사물의 이치를 아는 자라고 했습니다(3절).

"왕 앞에서 물러가기를 급거히 말며 악한 것을 일삼지 말라"는 말씀의 뜻입니다. 우리에게는 개성과 지성이 있어서 제멋대로 무엇을 하려고 합니다. 고집을 부립니다. 고집과 신념은 전혀 다릅니다.

고집이란 말은 자기의 주관적 생각과 감정에 따라서 행동하는 것이고, 신념이란 자기의 원리와 철학에 따라 행동하는 것을 말합니다. 고집에는 일관성이 없습니다.

그러나 신념에는 일관성이 있습니다. 이것을 구별 못하여 고집을 부리는 것은 사물의 이치를 모르는 일입니다.

(3) 지도자의 말을 지키는 자

지도자의 말을 지키는 자는 '안전'하다고 하였습니다(5절).

"왕의 명령을 지키는 자는 화를 모르리라"(5절). 어려서는 부모의 말씀을 지키는 자가 안전하고, 좀 커서는 선생님의 말씀을 지키는 자가 안전하고, 성도가 되어서는 목사님의 말씀을 순종하는 자들이 안전합니다.

왜냐하면 하나님께서 그들을 우리를 위한 울타리로 만들어 놓았기 때문입니다.

2. 사물의 이치대로 사는 결과

1절에 "그 사람의 얼굴에 광채가 나게 하나니"라고 했습니다.

얼굴에 광채가 난다는 말은 얼굴을 밝게 한다는 말입니다.

언제 얼굴이 밝습니까?

첫째 형통할 때입니다. 그러므로 사물의 이치대로 살면 형통할 것입

　　　니다.
　둘째 경건할 때입니다. 사물의 이치대로 살면 건강의 복을 주실 것입
　　　니다.
　셋째 기쁘고, 행복할 때입니다.
　우리가 세상을 살아갈 때에 하나님이 주신 말씀의 이치와 양심에 주
신 이치대로 살아서 항상 우리의 얼굴에 광채가 나는 삶을 살아야 합니
다.

사탄 마귀에 대한 환상

(계20:1-3)

1. 사탄을 천 년간 감금하는 이유

분명히 하나님의 나라는 임하지 않았습니다. 그것은 매일의 신문, 텔레비전을 보아도 금방 알 수 있습니다. 매일의 사건들은 사탄이 아직 건재하고 있다는 것을 여실히 보여줍니다. 그렇다면 어떻게 사탄이 결박되어 있다고 할 수 있나요? 그러므로 이 환상은 아직 미래에 일어날 일에 대한 묘사라고 보기 쉽습니다.

여기서 전 천년설이 나옵니다. 그러나 천년을 문자적으로 해석하는 것은 인류역사 6000년 설에 근거합니다. 즉 6000년의 인류 역사 후에 1000년 동안의 안식이 뒤따른다는 것입니다. 바로 이 해석이 시한부 종말론의 해석이었습니다. 위험한 해석입니다.

(1) 사탄의 행위.

사탄은 결박되어 있습니다. 무엇보다도 주님의 비유가 이것을 증명하고 있습니다. 공관복음서에 보면(마12:29절, 막3:27절) 강한 자의 집에 들어가 그를 먼저 결박하지 않고는 그 집을 늑탈하지 못한다는 비유가 나옵니다. 그것은 바로 성육신할 때에 사탄에게 일어날 일을 말씀하고 있는 것이 틀림없습니다. 다시 말하면 주님의 초림과 함께 하나님의 나라가 임하였다는 뜻입니다.

그렇다면 사탄의 감금이 무엇을 의미할까요?

현실적으로 볼 때 사탄은 여전히 자유롭게 활동하고 있는 것처럼 보이기 때문입니다. 결박한다(계20:2)는 뜻은 위에서 말한 공관복음의 말씀과 연결시키고 있는 것으로 보아야 합니다.

(2) 사탄을 구덩이에 던진 목적

사탄을 "다시는 만국을 미혹하지 못하게"하기 위해서 구덩이에 던진다는 것입니다.

그러면 지금의 사탄의 활동과 무엇이 다른가요?

그리스도의 오심은 만국을 비추는 빛(눅2:32)이시고, 또 그를 통해서 시온의 대로가 열려진 것입니다. 그뿐 아니라 오순절의 성령강림으로 인해서 성도들은 성령의 능력을 받게 된 것입니다. 따라서 그리스도의 오심 후에도 사탄의 유혹은 계속되었지만, 그러나 성도는 결단코 사탄의 지배하에 있는 것이 아니란 차이점이 있습니다.

따라서 그리스도의 초림과 함께 천년 왕국은 시작된 것이며 그 기간이 끝날 때 사탄은 잠깐 동안 제한된 자유 속에서 놓임을 받아 성도들을 괴롭히게 됩니다(20:78-8).

2. 계시의 순서

계시록의 순서를 보면 사탄의 패기, 성도가 부활하여 천 년 동안 왕노릇 함, 사탄이 돌아왔을 때에 곡의 반란이 일어나고, 마지막 전투가 있은 후 21장에서 새로운 예루살렘의 건설이 있다고 기록하고 있습니다. 에스겔서 35-37장과 38-39장, 40-48장에서도 유사한 기록을 볼 수 있습니다.

그러나 요한의 마지막에 대한 계시의 순서는 역사적 순서가 아니란 점을 아는 것이 중요합니다. 데살로니가 후서 2장에 보면 재림 직전에

"먼저 배도하는 일이 있고, 저 불법의 사람이 나타"난다고 하였습니다. 비록 지금 불법의 비밀이 이미 활동하고 있지만, 현재는 신적 능력이 이것을 막고 있다고 하였습니다. 그 제한이 풀렸을 때 세상은 다시 사탄의 역사, 불의의 모든 속임을 보게 된다는 것입니다. 따라서 바울의 계시는 그리스도의 영광스러운 재림(살전2:8)을 뜻하는 것으로 보는 것이 좋습니다

사탄에게 속지 말라

(고후2:1-11)

인간은 누구나 속임을 당합니다. 무지해서 속임을 당하고, 순진해서 속임을 당합니다. 그러면 어떻게 하면 속임을 당하지 않을 수 있을까요? 먼저 사탄의 속성을 알아야 합니다.

1. 사탄의 속성

(1) 온 천하를 유혹함(계12:9).

그러므로 사탄으로 하여금 우리들을 시험하지 못하게 해야 합니다(고전7:5). 여기에 예외는 없습니다. 심지어 주님도 시험을 받으셨습니다.

(2) 대적케 함(대상21:1).

부모와 자식을 대적케 하고, 남편과 아내를 대적케 합니다. 친구들을 대적케 합니다. 교회를 대적케 합니다.

(3) 얽매임

우리를 얽매이게 만듦(눅13:16). 얽매이는 줄은 죄와 죽음과 우상숭배입니다.

(4) 천사로 가장함

광명의 천사로 가장함(고후11:14). 사탄은 천의 얼굴을 가지고 있습니다.

2. 사탄의 유혹을 받지 않는 비결

고전 7:5절에 보면 "사탄으로 너희를 시험하지 못하게 하라"고 했다.
그러면 어떻게 할 때에 유혹을 받지 않게 할 수 있는가?

(1) 말씀이 내 안에 항상 있어야

하나님의 말씀이 내 안에 항상 있어야 합니다. 말씀은 성령의 검이다
(엡6:17).

(2) 기도해야

기도해야 사탄에게 시험받지 않습니다(엡6:18). 주기도문에도 "시험에
들지 않게 하옵시고"라고 했습니다.

(3) 사탄의 전술전략을 잊지 말아야

사탄의 전술전략을 잊지 말라. 사탄은 교만, 낙심, 연기, 비교 등을
통해서 우리를 시험합니다.

맺는말

오늘도 사탄에게 속지 않는 행복한 하루가 되기를 바랍니다. 그러려
면 항상 주님과 동행하고 말씀과 기도로 살면 사탄에게 속지 않고, 승
리하는 삶을 살 줄로 믿습니다.

사탄의 유혹을 피하려면

(요13:21-30)

지금 우리는 이 세상에서 사탄과의 영적 전쟁 중에 있습니다. 이 전쟁은 과거 어느 때보다 더 심각합니다. 왜냐하면 사탄은 그의 때가 얼마 남지 않은 것을 알고 있어서(계12:12) 최후의 발악을 하고 있기 때문입니다.

1. 구체적으로 우리는 누구와 싸우는가

(1) 세상과의 싸움

첫째는 세상입니다(약4:4)

"세상과 벗이 되고자 하는 자는 스스로 하나님과 원수가 되게 하는 것이니라." 세상이 우리의 원수가 된다는 것은 문화로서의 세상, 즉 윤리적으로 부패되고, 영적으로 하나님께 대항하는 세상을 말하는 것입니다.

(2) 육체가 우리 싸움의 대상

둘째는 우리의 육체가 우리의 싸움의 대상입니다(갈5:17).

여기서 육체라고 하면 사탄 마귀가 유혹하며 본능에 의해서 조종되는 소욕을 가진 육체를 말합니다.

(3) 사탄 마귀와 싸움

셋째는 사탄 마귀가 우리의 적입니다(벧전5:8).

"너희 대적 마귀가 우는 사자같이 두루 다니며 삼킬 자를 찾나니"라고
했습니다. 우리는 이 마귀와 싸우는 것입니다.

2. 사탄과의 싸움에서 승리하려면?

(1) 사탄의 정체를 밝혀야

사탄의 기원에 대해서 성경은 이렇게 설명합니다. 유 1:6절에서는 자
기의 처소를 떠난 천사라고 했고, 사 14:12-14절에서는 아침의 아들
계명성 '루시퍼'였다고 했습니다. 겔 28:14절에서는 "너는 기름부음을
받은 덮는 그룹"이라고 했습니다. 그런데 15절에 보면 "네 모든 길에 완
전하더니 마침내 불의가 드러났도다"고 했습니다. 바로 사탄의 본질을
드러낸 것입니다.

(2) 사탄의 전술과 전략을 알아야

11절에 보면 "마귀의 궤계를 능히 대적하기 위하여"라고 했습니다.
사탄은 교활하고 간교합니다(11절), 사탄은 우는 사자와 같이 무섭게 덤
벼듭니다(벧전5:8). 때로는 빛의 천사처럼 덤벼듭니다.

구체적으로는

첫째 교만입니다. 사탄은 우리들에게 교만한 마음을 일으켜 타락시킵
　　　니다.

둘째 낙심입니다. 교만과는 정반대입니다. 너는 아무 것도 아니야.
　　　너는 있으나마나해. 네가 무엇을 할 수 있겠니? 라고 하면서 낙
　　　심케 하고, 좌절케 하고 절망하게 합니다.

셋째 비교의식입니다. 현대에 마귀가 가장 많이 이용하는 것이 바로
　　　이 비교의식이라고 합니다. 사탄은 앞으로 유익을 주는 체하면
　　　서 뒤로는 죽이는 속임수를 사용합니다.

넷째 내일로 지연하게 하고 미루게 합니다. 그러나 성경은(고후6:2)

　　　　"보라 지금은 은혜 받을 만한 때요 보라 지금은 구원의 날이로
　　　　다"라고 했습니다.

다섯째 이번 한 번만이 마지막이라고 합니다. 사탄이 우리를 걸리게
　　　　할 때에는 언제나 이번 한 번만 마지막으로 한다고 말하게 합
　　　　니다. 그러므로 사탄의 이런 변명에 속아 넘어가지 말아야 합
　　　　니다.

여섯째 기왕에 버린 몸이라고 하면서 포기하고 계속하게 합니다. 이
　　　　때는 무서울 것이 없습니다. 죽으려는 사람은 아무 것도 두려
　　　　운 것이 없기 때문입니다. 이렇게 하여 망하게 하는 것입니다.

3. 성도의 대응(무장)책

(1) 하나님의 전신갑주를 입어야 함(엡6:11-20).

　　엡 6:13절에 보면 "악한 날에 능히 대적하고", "모든 일을 행한 후에
설 수 있도록" 무장을 해야 한다고 했습니다.

(2) 전신갑주

첫째 진리의 허리띠입니다. 진리만이 영원하기에 모든 것을 움직이지
　　　않게 해줍니다.

둘째 의의 흉배입니다. 가슴을 잘 보호해야 합니다. 가슴에 공격을
　　　받으면 치명상을 입기 때문입니다.

셋째 믿음의 방패입니다. 믿음의 방패는 전신을 방어하는 것입니다.

넷째 구원의 투구입니다. 살전 5:8절에서는 구원의 투구라고 했습니
　　　다. 이것은 구원에 대한 확신을 가질 때 생겨지는 것입니다.

다섯째 복음의 신발입니다. 여기에서 평안, 복음, 예비라는 말은 신
　　　　발의 성격을 말합니다.

여섯째 성령의 검입니다. 검은 공격을 위한 무기입니다. 그리고 말씀

을 상징합니다. 사탄을 이기는데 가장 좋은 무기는 하나님의 말씀입니다.

일곱째 기도입니다. 기도는 전쟁의 승패를 좌우하는 무전기와 같습니다. 전쟁의 승리의 가장 중요한 요소 중에 하나는 정보입니다. 주님과 소통하며 우리의 형편을 알리고 주님의 지시를 따르면 사탄을 이길 수 있습니다.

산 자에게는 소망이 있다

(전9:2-6)

본문에 보면 "모든 것이 일반이라"는 말이 4번이나 반복되고 있습니다. 결국 살아있는 모든 것이 죽음이라고 하는 같은 운명에 처한다는 말입니다. 어떻게 보면 참 허무하고, 비관적인 말씀이기도 합니다.

사실 이 세상에는 위대한 사람도 못난 사람도 다 같은 운명에 처합니다. 다 죽습니다. 유명해도 죽고, 부자도 죽고, 높은 사람도 죽고, 다 죽습니다.

그러면 본문에서는 솔로몬이 허무주의를 말하는 것일가요? 아닙니다. 사실 우리가 허무를 느끼지 않으면서 신앙생활을 한다고 하는 것은 다 형식일 뿐입니다. 경건의 모양만 있을 뿐입니다. 만약 우리가 이 세상에 허무를 느끼지 않는다면 종교가 무슨 소용이 있으며 교회가 무엇 때문에 필요합니까? 인생이 의식주만 가지고는 참 행복이 없고, 의미가 없기 때문에 우리는 저 높은 곳을 향하여 오늘도 나아가는 것이 아니겠습니까?

1. 산 개가 죽은 사자 보다 나음

4절에 그 해답이 있습니다.

"모든 산 자 중에 참예한 자가 소망이 있음은 산 개가 죽은 사자 보다 나음이니라."

4절에서 산 자와 죽은 자를 비교하고 있습니다. 그러면 산 자란 누구를 의미합니까? 산 자는 '알고'있고 깨닫고 있습니다. 죽은 자는 '아무것도 모르며'라고 했습니다. 이 말씀은 오늘을 살고 있는 우리 성도들에게 적용하면 산 자란 육적인 의미만 있는 것이 아닙니다. 영적인 면에서 말씀하고 있는 것입니다. 엡 2:1절에 보면 신자들은 과거의 허물과 죄로 죽었던 자이지만 지금은 참으로 그리스도 안에서 산 자입니다.

반대로 믿지 않는 자들은 육적으로는 살아 있지만 영적으로는 죽은 자들입니다. 그들에게는 이 세상뿐 내세에는 전혀 소망이 없습니다. 6절에 보면 "저희가 다시는 영영히 분복이 없느니라"고 했습니다. 육적으로도 죽으면 끝이고 영적으로도 죽으면 끝입니다. 더 이상의 소망이 없습니다.

2. 매일을 산 자답게 살기

(1) 산자는 숨을 쉼

매일 기도의 숨을 쉬며 살자는 것입니다.

(2) 산 자는 먹음

영적으로 산 자가 되기 위해 매일 말씀을 먹으면서 삽시다.

(3) 산 자는 움직임

산 자는 움직이며 활동합니다.

물론 우리의 육신을 건강하게 유지해야 하지만, 그러나 영혼이 움직이며 활동하려면 그것은 바로 경건생활에 있습니다. 그러므로 경건의 연습을 하자는 것입니다.

결국 땅의 것은 다 일반이라 없어지고 소멸하고 말기 때문에 허무한 인생 속에서 참 보람 있는 삶의 비결을 배울 수 있어야 합니다.

살피고 떠나야 할 것은

(롬16:17-18)

17절에 보면 "거치게 하는 자들을 살피고 저희에게서 떠나라"는 말씀이 나옵니다. 오늘 본문에 보면 크게 네 가지 부류의 사람들을 조심하라고 했습니다.

1. 장애물을 놓는 자들

먼저 가는 길에 '장애물을 놓는 자들'을 조심하라고 했습니다.

범죄한 인간의 문제점은 남이 잘되는 것을 좋아하지 않는데 있습니다. 그래서 남의 가는 길에 장애물을 설치합니다. 물론 교회 안에서도 장애물을 놓는 경우가 있습니다.

2. 분쟁을 일으키는 자들

분쟁을 일으키는 자들을 살피고 떠나야 합니다.

사탄은 어디에나 심지어 교회 안에도 분쟁을 일으키는 자들을 심어 놓습니다. 그러므로 우리는 절대로 사탄에게 이용당하지 말아야 합니다. 분쟁을 일으키는 자들의 특징이 있습니다.

첫째 말이 많습니다. 있는 말 없는 말 다합니다. 그러나 참으로 일하는 사람들은 말할 시간이 없습니다.

둘째 분쟁을 일으키는 자들은 파벌을 조성합니다. 그 목적은 원망과 불만을 가진 사람들로 만들기 위해서입니다.

셋째 분쟁의 거의 대부분은 여자들을 통해서 이루어집니다. 성경적으로 보면 하와에게서 시작하여 이세벨과 삽비라를 통해서 지금으로 연결됩니다.

넷째 분쟁을 일으키는 사람은 결코 새 신자들도 아니고, 전혀 힘이 없는 사람도 아닙니다. 좀 힘이 있다는 사람들입니다. 그러므로 우리는 항상 이런 나쁜 일에 이용당하지 않도록 이런 일에서 떠나야 합니다.

3. 자기 욕망을 채우는 자들

자기의 욕망을 채우는 자들을 살피고 떠나야 합니다.

욕망이란 영어 성경에 보면 appetites라고 번역했습니다. 자기의 입맛대로 사는 사람을 말합니다. 우리에게 욕망이 있다면 사회에서 채우고 교회에서는 다른 사람들의 유익을 위해서 다른 사람들을 기쁘게 하기 위해서 일해야 합니다. 자기의 욕망을 채우는 사람들이란 자기의 왕국을 세우는 사람들입니다.

그러나 우리는 그리스도의 왕국을 세우는 사람들입니다. 그러므로 항상 자신의 욕심이나 욕망이나 생각을 십자가에 못 박고 오직 주님만을 높여야 합니다.

4. 미혹케 하는 자들

미혹케 하는 자들을 살피고 떠나야 합니다.

미혹이란 사탄의 짓거리입니다. 사탄은 속이는 것이 전문이기에 모든 사람들을 미혹합니다. 하와로 하여금 선악과를 따 먹게 하였고, 지금도 속임수로 우리들을 미혹합니다. 그러나 나는 절대 사탄에게 미혹되지 않아, 내가 어린 아이인가 하고 자신 있는 분들이 있다면 바로 그 사람 자신이 미혹되고 있음을 기억해야 합니다.

생명과 의와 영광을 얻으려면?

(잠21:13-21)

인간이 구하고 찾는 것은 크게 세 가지입니다.

첫째는 생명이고,

둘째는 의요,

셋째는 영광입니다.

그런데 오늘 본문에 보면 이 세 가지는 서로 연결되어 있다는 것입니다.

그 해답이 21절에 나옵니다. "의와 인자를 따라 하는 구하는 자"에게 주신 축복이라고 했습니다.

1. 의와 인자를 따라 구하는 자

왜 의와 인자를 따라 구하는 자에게 축복하십니까?

(1) 하나님의 본질

'하나님의 본질은 크게 두 가지입니다. 하나는 의요, 다른 하나는 사랑입니다. 그래서 의와 인자를 따라 구하는 것을 기뻐하십니다.

(2) 인간이 사는 길

'인간이 사는 길'이 크게 두 가지인데 하나는 의, 다른 하나는 사랑입니다. 그래서 의와 인자를 구하는 자를 하나님께서는 기뻐하시고 복을 주십니다.

(3) 행복의 비결

'인생의 행복의 비결'이 의와 사랑이기 때문입니다.

그러나 많은 사람들은 권력과 돈과 재물과 지식에 행복이 있다고 착각하고 있습니다.

2. 의와 인자를 구하는 자

의와 인자를 구하는 자는 구체적으로 어떤 사람입니까?

(1) 하나님을 찾는 사람

'하나님'을 구하고 찾는 사람입니다. 어떻게 하나님을 찾습니까? 세상에는 많은 종교가 있습니다.

다들 하나님이 어디 있느냐 하면서 찾습니다. 그러나 인간이 아무리 하나님을 찾아도 찾을 수 없고, 만날 수도 없습니다. 오직 예수님을 통해서만 찾을 수 있습니다.

요 14:6절에 "내가 곧 길이요 진리요 생명이니 나로 말미암지 않곤 아버지께로 올 자가 없느니라"고 했습니다. 그러므로 기독교에서 하나님을 찾는 것은 역사에 구체적으로 사셨던 예수님을 통해서 찾는 것입니다. 막연하게 찾는 것이 아닙니다.

(2) 계명을 지키는 사람

'계명을 지키고' 말씀대로 순종하는 사람입니다. 성경은 곧 하나님의 말씀입니다.

하나님의 말은 여러 가지의 형태로 되어 있습니다. 계명의 형태로 되어 있기도 하고, 복음의 형태로 되어 있기도 합니다. 어떤 형태로 되어 있든지 중요한 것은 그것이 바로 하나님의 말씀이라는 사실입니다.

(3) 그의 나라와 의를 구하는 사람

마 6:33절의 말씀처럼 "그의 나라와 그의 의를 구"하는 사람입니다.

크게 두 가지로 말씀하고 있습니다. 하나는 하나님의 나라입니다. 다른 하나는 하나님의 의입니다.

이것을 줄이면 바로 예수님이 하나님의 나라이고, 예수님이 하나님의 의입니다. 기독교에서는 예수님이 하나님의 모든 것입니다. 그 안에 행복이 있고, 그 안에 의가 있고, 그 안에 생명이 있고, 그 안에 영광이 있습니다.

3. 의와 인자를 구하는 자

의와 인자를 구하는 자에게 주시는 세 가지 축복은?

(1) 생명을 얻음

의를 구하는 자는 생명을 얻습니다. 생명에는 크게 세 가지가 있습니다.

첫째는 육체의 생명이 있습니다.

둘째는 영적인 생명이 잇습니다.

셋째는 영원한 생명이 있습니다. 여기서 말하는 생명은 어떤 생명인가요? 세 가지를 다 의미합니다.

(2) 하나님과 바른 관계가 이루어짐

의가 있는 자는 하나님과 바른 관계가 이루어진다는 것입니다. 인간은 관계적 존재이기 때문에 먼저 하나님과의 관계가 회복되어야 행복하고, 영광을 얻게 됩니다.

그러면 어떻게 할 때에 우리가 영광을 얻을 수 있습니까? 두 가지 방법이 있습니다.

첫째는 믿음으로 말미암아 하나님과의 관계가 회복되어야 합니다.

둘째는 하나님이 축복해 주셔야 영광을 얻습니다. 요셉이 영광을 얻은 것은 하나님이 축복하여서 항상 형통하게 한 것입니다.

(3) 영광을 얻음

의와 인자를 구하는 자는 영광을 얻느니라고 했습니다. 우리는 세상의 영광도 원하지만 중요한 것은 영원한 영광을 원하고 있습니다. 본래 영광은 오직 하나님께만 속한 것입니다. 지금 정치계가 혼란한 것은 세상에서 영광을 얻으려고 하는 사람들이 많기 때문입니다.

그러나 영광은 오직 하나님께만 속한 것입니다. 그러므로 참 영광을 얻으려면 하나님께서 주셔야 합니다.

서로 연합하여 하나가 되게 하라

(겔37:15-23)

1. 하나 됨의 약속

하나 됨의 약속은 우리의 소원이기도 하지만 하나님의 약속의 말씀입니다. 인류의 비극은 분열에서 시작되었습니다.

첫째는 죄로 인한 하나님과의 분열입니다

둘째는 원죄 이후에 있게 된 개개인의 인격적 분열입니다.

셋째는 시기와 질투로 인한 가인과 아벨의 경우와 같이 이웃 간의 분열입니다.

넷째는 바벨탑 이후에 일어나게 된 국가 간의 분열 등입니다. 그런데 중요한 것은 이 분열이 하나 됨으로 인해서 해결된다는 하나님의 약속입니다.

2. 누가 우리를 하나 되게 하는가?

두 말할 필요도 없이 하나님께서 우리들을 하나 되게 하십니다. 그것을 역사적으로 보면 예수님의 십자가를 통해서 하나가 되었습니다. 십자가는 바로 더하기, 하나 됨의 표시입니다.

속죄를 영어로 'at-one-ment'라고 하는데 자세히 보면 하나 된다는 뜻입니다. 하나님과 하나가 되고, 이웃과 하나가 된다는 뜻입니다. 그것이 속죄의 결과입니다.

그러므로 하나님께서는 이 하나 됨을 위해서 독생자 예수 그리스도를 이 땅에 보내셔서 십자가를 지게 하신 것입니다. 왜냐하면 인간의 모든 불행의 원인이 바로 이 하나 됨에 있기 때문입니다.

3. 하나 되게 할 때 우리의 할 일

(1) 십자가의 역사를 믿어야 함

아무리 주님께서 십자가를 통하여 하나님과 우리들을 화목하게 하였다 할지라도 우리가 믿지 않으면 아무런 역사가 일어나지 않습니다.

(2) 보혈로 정결케 된 후

예수님의 보혈로 정결케 된 후에는 갈 2:20절의 말씀처럼 옛 자아는 죽고 예수님께서 나를 지배하는 삶을 사는 것이 되어야 합니다.

"내가 그리스도와 함께 십자가에 못 박혔나니 그런즉 이제 내가 산 것이 아니요 내 안에 그리스도께서 사신 것이라. 이제 내가 육체 가운데 사는 것은 나를 사랑하사 나를 위하여 자기 몸을 버리신 하나님의 아들을 믿는 믿음 안에서 사는 것이라."

(3) 네 손에서 둘이 하나가 되게 하라

중요한 것은 17절에 놀라운 말씀이 나옵니다.

"네 손에서 둘이 하나가 되게 하라"고 했습니다. 다시 말해서 '우리의 손 안에서' 하나 되게 하라는 것입니다.

그러면 어떻게 그것이 가능할까요?

알아야 할 것은 가능하기 때문에 하라고 한 것입니다. 이것은 바로 우리의 기도와 결단과 사랑의 실천을 말씀한 것입니다.

서머나 교회에 보내는 편지

(계2:8-11)

서머나 교회는 책망이 하나도 없었습니다. 당시 서머나 교회는 핍박을 받는 교회였으나 이 편지는 위로와 확신을 주는 내용입니다. 서머나 교회는 지금 터키의 '이지미르'라고 불리는 곳입니다.

당시 인구는 30만 명 정도였고, 항구도시로 유명하였고, 소아시아로 들어가는 관문이었습니다. 그곳에는 아름다운 조각들로 유명하였고, 방부제와 향유로 사용되었던 몰약의 생산과 수출로도 유명하였습니다.

이처럼 산업이 성행하고 발달된 도시에 작은 교회가 세워졌는데 그 교회가 바로 서머나 교회입니다. 영적으로 어두운 곳에서 서머나 교회는 복음을 증거하는 등대였습니다.

몰약이 사용되기 위해서는 먼저 자신이 부서져야 향기를 발할 수 있습니다. 그런데 서머나 교회가 바로 이 몰약처럼 부서졌던 것입니다. 그래서 역사상 그처럼 아름다운 향기를 내게 된 것입니다.

1. 서머나 교회의 형편

많은 핍박을 받은 교회였습니다. 딤후 3:12절에 "무릇 경건하게 살고자 하는 자는 핍박을 받으리라"고 했습니다. 주후 155년 폴리갑이란 감독이 황제 숭배를 거절했다는 이유로 86살에 순교의 제물이 되었습니다. 그는 그를 유혹하는 형리에게 "나는 86년간 살았지만 예수님은 단한 번도 나를 배신한 적이 없었습니다. 그런데 내가 어떻게 그 예수님을 배신합니까?"하고 대답했다고 합니다. 화형으로 협박하자 "당신은 나에게 불로 협박하지만 불은 한 시간 후에는 꺼지고 말 것입니다"하고 말하면서 두려움 없이 순교의 제물이 되었다고 합니다.

2. 서머나 교회에 대한 칭찬

(1) 환난과 궁핍

"내가 네 환난과 궁핍을 아노니."

당시 핍박은 끔찍했습니다. 심지어 정원의 불을 밝히려고 성도들의 기름을 짜는 일까지 했다고 합니다.

(2) 영적 부자

"실상은 부요한 자니라".

누가 부자인가요? 남에게 많은 것을 줄 수 있는 자가 부자입니다. 그런 의미에서 참된 신자는 진정한 의미에서 참된 부자입니다. 물질적으로는 가난할지 모르나 영적으로는 부자란 뜻입니다. 아무리 주어도 부족함이 없는 사랑과 복음과 그리스도의 풍성함이 있기 때문입니다.

약 2:5절에 "가난한 자를 택하사 믿음에 부요하게 하시고."

고후 6:10절에 "가난한 자 같으나 많은 사람을 부요하게 하고, 아무것도 없는 자 같으나 모든 것을 가진 자로다"라고 하였습니다.

(3) 유대인들의 훼방과 행패

"자칭 유대인이라 하는 자들의 훼방도 아노니."

유대인 중에는 높은 자리에 있는 자들도 많았는데 이들은 황제 숭배를 이용하여 로마 제국을 충동질해서 기독교인들을 처형하였습니다.

3. 말씀을 우리에게 적용

(1) 신앙의 조건

좋은 관경이나 좋은 조건이 좋은 신앙의 조건이 되지 못한다는 것입니다. 악조건에서도 그리스도만 바라보면 놀라운 신앙을 소유할 수 있다는 것을 증거해 줍니다.

(2) 참된 부

참된 부는 세상적인 부가 아니고, 영적인 부입니다.

성경적 대화법(잠15:1-7)

우리가 일상 사용하는 말은 우리가 생각하는 이상의 굉장한 힘을 가지고 있습니다. 경솔한 말 한마디가 싸움을 붙이고, 잔인한 말 한 마디가 인생을 파괴하고, 독설 말 한 마디가 미움을 싹틔우고, 폭언 말 한 마디가 상대방을 죽게 만듭니다.

반대로 온유한 말 한 마디가 사람 사이의 장애를 제거해주고, 즐거운 말 한 마디가 하루를 밝게 해주고, 때맞춘 말 한 마디가 고민을 줄여주고, 사랑의 말 한 마디가 화해와 축복을 주는 것입니다.

사실 전쟁으로 인한 상처보다 치명적인 것은 한 사람의 입에서 나오는 말입니다. 세 치의 혀가 총칼보다 더 무서운 무기가 될 수 있기 때문입니다. 이 얼마나 놀라운 말의 힘입니까? 오늘은 성경적 대화법을 중심으로 함께 은혜를 나누려고 합니다.

성공적 경영학

(잠20:16-28)

잠언에 보면 우리의 생활과 구체적으로 연결된 많은 교훈이 있는 것을 볼 수 있습니다. 그러므로 잠언의 말씀처럼만 하면 성공하지 않을 사람이 없고, 행복하지 않을 사람이 없고, 승리하지 않을 사람이 없습니다. 오늘은 20:16절 이하의 말씀을 가지고 함께 살펴보면서 은혜를 나누려고 합니다.

1. 부정적인 면에서

(1) 몸을 담보로 삼지 말아야

잘못된 보증으로 인해서 몸을 담보로 삼지 말아야 합니다(16절).

우리는 담보를 잘못해서 일평생 모은 모든 재산을 날린 사람들을 흔히 볼 수 있습니다. 저는 동생이 보증 서달라는 것을 거절하고, 보증 서주는 보험에 가입시키고, 돈은 제가 지불한 적이 있습니다. 잘 했다고 생각합니다. 제가 개인 생활에서 동생으로 인해서 함정에 빠지면 결국 교회가 개입되고, 그러면 많은 사람들에게 근심거리가 될 것이기 때문입니다. 그러므로 보증을 함부로 서지 마시기 바랍니다.

(2) 한담을 하지 말아야(19절).

우리는 삶이 단조롭기 때문에 한담을 하기 쉽습니다. 그러나 문제는 돌을 장난삼아 던진 것이 개구리를 죽이듯이, 한담을 한 것이 남에게 고통을 준다면 그것은 잘못된 것입니다.

(3) 가정 관계를 바로해야

가정 관계를 바로 갖는 것이 사업의 성공에 도움이 됩니다. 그러므로 부모에게 불효하지 말아야 합니다(20절).

부부관계가 잘못되거나 부모와의 관계가 잘못되면 사업에 성공해도 의미가 없습니다.

(4) 급히 벌려고 서두르지 말아야

속히 잡은 산업이 되지 않아야 합니다(21절).

세상에는 빨리 벌려는 생각에서 큰 실수를 하는 사람들이 많습니다. 소위 피라미드라는 사업이 바로 그것입니다. 빚을 얻어서 주식으로 큰 돈 벌려는 것도 잘못입니다.

(5) 속여서 돈을 벌려고 하지 말아야

한결같지 않은 저울추와 빨리 얻으려는 생각은 버려야 합니다(24절).

즉 부정하게 속여서 돈을 벌려고 해서는 안 됩니다. 사업에서 중요한 것이 신용인데 속여서 돈을 버는 사람은 큰돈을 벌 수가 없습니다. 정직이 최고의 정책이기 때문입니다.

(6) 스스로 그물이 되는 것을 피해야

스스로 그물이 되는 것을 피해야 합니다(25절).

사자성어에 '자승자박'이란 말이 있습니다. 자기가 한 말에 자기가 걸리는 경우를 말하는 것입니다.

2. 긍정적인 면에서

(1) 참 경영은 의논함으로 해야(18절).

여러 사람들이 함께 의논하면 창조적인 생각들이 많이 생깁니다. 아무리 경영자가 많이 배우고, 똑똑해도 경영이란 팀으로 일하는 것이기 때문에 건전한 의논이 필수적입니다.

(2) 말씀에 순종해야

사람의 걸음은 여호와께로 말미암음을 믿고, 그에게 순종해야 성공합니다(24절).

인간이 모든 것을 하는 것처럼 보일지 모르나, 그러나 역사의 주인은 하나님이십니다. 그의 뜻에 따라, 그의 섭리에 따라 움직이는 것입니다. 그래서 19:21절에 보면 "사람의 마음에는 많은 계획이 있어도 오직 여호와의 뜻이 완전히 서리라"고 했습니다.

3. 대화와 인간관계

인간은 관계적 존재이기 때문에 그 관계를 부드럽게 유지하는 대화는 절대적으로 중요합니다. 성공도 대화에서 시작되고, 행복도 대화에서 이루어지고, 경영도 대화에서 이루어지고, 사랑도 대화에서 이루어지기 때문입니다.

4. 성경적 대화법

어떻게 대화를 해야 하는가?

(1) 유순한 말을 해야

1절, 과격한 말은 피하고, 유순한 말을 해야 합니다. 과격한 말은 감정에서 나온 말이기 때문에 상대방의 감정을 상하게 합니다. 그러나 유순한 말은 관계를 기름처럼 부드럽게 만듭니다.

(2) 상대에게 유익을 주는 말

3절, 여호와의 눈이 항상 감찰하신다는 것을 알고 조심하는 대화를 해야 합니다. 우리의 선배들은 삼사일언(三思一言)이라고 했습니다. 조심하는 말은 이 말이 상대방에게 유익을 주는가? 이 말이 하나님의 영광을 가리지는 않는가? 이 말이 나의 목적하는 바를 이루는가? 생각하면서 하는 말입니다.

  (3) 따뜻한 말을 해야

  4절, 가시 돋친 말은 피하고, 따뜻한 말을 해야 합니다. 미국 같은 나라라면 몰라도 유교적 문화인 한국에서는 자기의 생각을 피력하는 것도 중요하지만 상대방을 배려하는 말을 해야 합니다. 그것은 바로 따뜻한 말, 상대방을 배려하는 말입니다.

  (4) 거듭난 의인이 되어야

  6절, 의인(하나님과의 바른 관계를 가진 사람)이 되어야 혀도 변합니다. 대화법은 단순한 기술이 아니기 때문입니다. 다시 말하면 거듭나야 말도 변하지 대화법만 배운다고 되는 것은 아니라는 말씀입니다.

5. 바른 대화에 주시는 복

  (1) 바른 인간관계가 성립됩니다.

  (2) 자기의 목적하는 바를 이룹니다.

  (3) 행복과 성공의 비결이 됩니다.

성도는 어떻게 살아야 하나?

(잠23:10-18)

성도의 삶에 대해서 크게 두 가지를 말씀하고 있습니다. 하지 말아야 할 것과 해야 할 것의 두 가지입니다.

1. 성도가 하지 않아야 할 것

17절 "죄인의 형통을 부러워하지 말고"

(1) 죄인의 형통을 부러워하지 말 것

왜 죄인의 형통을 부러워하지 말라고 했을까요?

첫째로 죄인들의 삶을 본받게 되고, 그들처럼 살게 되기 때문입니다. 그들은 자기의 쾌락만 추구하고, 돈만 사랑하고, 이익을 위해서는 불의를 주저하지 않기 때문입니다.

둘째로 자기 자신이 신앙을 떠나게 되기 때문입니다.

셋째로 하나님의 심판을 받게 되기 때문입니다.

(2) 죄인의 형통을 어떻게 보아야 하는가?

첫째로 당분간은 이 세상에서 형통하지만, 그러나 잠시 후에는 하나님의 심판이 있을 것을 확신해야 합니다.

둘째로 세상의 눈으로 보지 말고, 하나님의 눈으로 보아야 합니다.

2. 성도가 해야 할 것은?

17절에 "항상 여호와를 경외하라"고 했습니다.

(1) 왜 여호와를 경외하라고 했습니까?

첫째로 여호와를 경외하는 것이 지식의 근본이기 때문입니다.

둘째로 여호와를 경외하지 않는 자들은 하나님의 축복을 받지 못하고 다 그의 심판을 받게 되기 때문입니다.

(2) 여호와 경외는 어떻게 하는가?

여호와 경외는 어떻게 할까요?

첫째로 하나님을 믿고 의뢰하는 것입니다.

둘째로 하나님을 사랑하는 것입니다.

셋째로 하나님께 모든 소망을 두는 것입니다.

3. 하나님을 경외하는 자에게 주시는 축복

오늘 본문에 보면 크게 두 가지를 주신다고 했습니다.

(1) 네 장래가 있겠고

18절 상반 절에 "정녕히 네 장래가 있겠고." 누구나 밝은 장래가 있기를 원합니다. 장래가 있다는 말은 오늘보다 내일이 더 좋은 것을 말합니다. 계속적인 발전이 있는 것을 말합니다. 장래가 있다는 말은 미래가 보장된 것을 말합니다. 바라기는 저와 여러분들이 다 장래가 있기를 축원합니다.

(2) 네 소망이 끊어지지 않고

18절 하반 절에 "네 소망이 끊어지지 아니하리라." 인간은 믿음과 사랑과 소망이 있어야 삽니다. 그 중에서도 소망은 오늘을 살아가는 동기부여입니다. 최근에 자살자가 많아지는 것은 소망이 끊어지기 때문입니다. 바라기는 우리들이 오늘을 살아가기에 힘들고 어려워도 내일에는 다 소망이 있기를 축원합니다.

맺는말

우리 성도들은 어떻게 살아가야 합니까? 크게 두 가지를 말씀하고 있습니다. 하나는 하지 말아야 할 것이고, 다른 하나는 해야 할 것입니다. 하지 말아야 할 것은 죄인들의 형통을 부러워하지 말아야 합니다.

그것은 잠시뿐이고, 다 망하게 될 것입니다. 중요한 것은 여호와를 경외하는 것입니다. 그것이 바로 지혜의 근본입니다. 그러면 하나님께서 두 가지의 귀한 축복을 주실 것입니다.

첫째는 장래가 있을 것이고,

둘째는 소망이 끊어지지 않게 될 것입니다.

바라기는 여호와를 경외함으로 우리 모두가 귀한 축복을 다 받을 수 있기를 축원합니다.

성도의 신분

(고후5:11-17)

인도에는 카스트라는 4계급(부라만=사제자, 크샤트리아=무사, 바이사=농민, 상인, 수드라=노예)의 신분이 있습니다. 인도의 태어나면서부터 정해진 신분 제도는 옛날 우리나라에서의 양반과 상놈의 제도만큼 잘못된 제도입니다.

그러나 영적인 세계에서도 이 신분 제도는 계속된다고 했습니다. 그것이 오늘의 말씀입니다. 즉 성도들의 신분은 불신자들과 다른 특징을 가진다고 했습니다. 이것을 바로 알 때 우리는 자신의 정체성을 분명히 하게 되고, 세상을 살아갈 때에 항상 승리하며 살게 될 것입니다.

1. 새로운 피조물

성도들의 정체성은 '새로운 피조물'입니다(17절 상).

다시 말하면 불신자들은 범죄한 부모로부터 태어났지만 신자들은 성령으로 말미암아 새로 태어난 피조물이라고 했습니다. 그것을 중생이라고 말합니다. 그러므로 우리는 성령으로 말미암아 새로 태어난 피조물이란 것을 항상 기억하면서 위를 바라보고 사는 성도가 되시기를 축원합니다.

2. 하나님 앞에 알려진 사람들

성도들의 두 번째 정체성은 '하나님 앞에 알려진 사람들'입니다(11절).

많은 사람들은 세상에서 알려지기를 원합니다. 나쁘지 않습니다. 그러나 세상에서 알려진 사람은 소위 유명세를 많이 내야 합니다. 실질적인 유익은 없습니다. 유혹만 많을 뿐입니다. 그러나 성도들은 하나님 앞에 알려진 사람들이라고 했습니다. 하나님이 인정해주고, 하나님의 사랑을 받고, 하나님의 도우심과 하나님의 축복을 받는 사람이라고 했습니다.

3. 그리스도의 사랑 안에서 사는 자들

성도들의 세 번째 정체성은 '그리스도의 사랑 안에서 사는 자들'입니다(14절).

더욱 중요한 것은 그리스도의 사랑 안에서 사는 자들입니다. 인간은 사랑 없이는 살 수 없는 존재입니다. 우리 성도들은 하나님의 아들이신 예수님의 사랑 안에서 사는 존재입니다. 사랑의 특징이 무엇입니까?

① 관심 ② 이해 ③ 존중 ④ 주는 것입니다. 주님께서 항상 우리 성도들에게 관심과 이해와 존중과 주신다는 것입니다.

4. '자신을 위해 사는 자가 아니라 그리스도를 위해 사는 자들

성도의 네 번째 정체성은 '자신을 위해서 사는 자가 아니라 그리스도를 위해서 사는 자들'입니다(15절). 사람은 누구나 삶의 목적이 있습니다. 모든 사람은 누구나 그 무엇인가를 위해서 살고 있습니다. 그런데 세상 사람들은 자신만을 위해서 살지만 성도들은 그리스도를 위해서 삽니다. 그리스도가 바로 삶의 목적입니다. 길이요 진리요 생명이신 그리스도가 바로 삶의 목적입니다. 그러므로 그 주님을 위해서 그 주님을 향하여 삶으로 인해서 참으로 행복한 삶이 되기를 축복합니다.

성도의 특징

(잠17:1-5)

신자와 불신자는 여러 가지 면에서 다릅니다. 아니, 서로 달라야 합니다. 그러면 성도의 특징은 무엇일까요? 오늘 본문을 통해서 5가지를 찾아보려고 합니다.

1. 화목한 성도들의 삶

세상 사람들은 자기가 높아지려고 다툽니다. 자기의 이권을 위해서 다툽니다. 우리는 다툴 필요가 없습니다. 왜냐하면 모두가 다 하나님의 자녀들이기 때문입니다.

1절에 보면 "마른 떡 한 조각만 있고도 화목하는 것이 육선이 집에 가득하고 다투는 것보다 나으니라"고 했습니다. 화목의 중요성을 말한 것입니다. 행복의 비결을 말씀한 것입니다. 화목은 우리에게

첫째로 행복을 가져다주고,

둘째는 일을 성취케 만듭니다.

셋째는 화목하면 단합이 이루어져서 일을 쉽게 만듭니다. "백지 한 장도 맞들면 가볍다"는 말은 바로 이것을 두고 하는 말입니다.

넷째로 화목하면 평화가 이루어집니다. 지금 우리나라는 경제문제도 심각하지만 더 큰 문제는 서로 화목하지 못하는데 있습니다. 정치, 경제, 사회 모든 분야가 다 서로 화목하지 못합니다.

2. 모든 것을 나누는 성도들의 삶

성도는 2절의 말씀처럼 "슬기로운 종은…. 그 아들 중에서 유업을 나눠 얻으리라"고 했습니다, 하나님의 유업을 나눈다는 것입니다. 따라서 성도들의 특징은 모든 것을 나눕니다. 혼자 독식하는 것이 아니라 나누는 것입니다. 은혜도 나누고, 사랑도 나누고, 말씀도 나누고 다 나누는 것입니다. 이것이 성도의 특징입니다.

3. 말씀으로 마음을 연단시키는 삶

3절의 말씀처럼 항상 하나님 말씀에서 자기의 마음을 연단시킵니다. "도가니는 은을, 풀무는 금을 연단하거니와 여호와는 마음을 연단하시느니라." 우리의 마음은 도가니에 들어간 철이나 금처럼 계속 연단해야 합니다. 그것은 우리의 마음이 금과 같아서 계속 연단하지 않으면 순수하지 않기 때문입니다.

오늘은 성도의 3가지 특징을 통해서 우리의 삶을 비교해 보고, 반성해보고, 그래서 하나님이 기뻐하는 자녀들이 다 되시기를 축원합니다.

4. 말씀에 귀 기울이고 사는 성도들의 삶

세상 사람들은 "악한 혀에 귀를 기울이느니라." 그러나 성도들은 주님의 말씀에 귀를 기울입니다. 무엇에 귀를 기울이느냐에 따라 그 인생의 방향과 목적이 달라집니다.

5. 지극히 작은 자를 존중하는 삶

세상에서는 가난한 자를 멸시합니다. 그러나 성도는 그들을 지으신 분이 하나님이시기 때문에 지극히 작은 자를 존중하는 것입니다.

성령과 우리는

(행15:22-29)

역사의 구분을 보면 구약시대인 성부시대, 예수님이 이 땅에 계셨던 33년의 성자시대, 오순절 이후의 성령시대로 구분됩니다. 그런데 지금은 성령의 시대인데 이 성령의 시대의 특징은 성령의 역사 없이는 아무 것도 할 수 없다는 것입니다.

구원도, 주님의 일도, 행복도, 하나님께 영광을 돌리는 것도, 이 땅에서의 승리도, 성령의 열매도, 화목도, 치유도, 기쁨도, 형통함도 이루어질 수 없습니다.

본문이 우리에게 주는 교훈은 무엇입니까?

1. 순서의 중요성을 말해 줌

순서에서 항상 성령이 앞서 가고, 우리는 뒤에 가야 한다는 것입니다. 만약 기도보다 사람들과의 의논이 앞서 가고, 기도보다 저의 결정이 앞서 간다면 그것이 실수의 원인이 됩니다.

2. 관계의 중요성을 가르쳐 줌

성령과 우리의 관계가 서로 뗄 수 없이 밀접해야 한다는 것입니다.

(1) 중요한 인간관계

인간에게 가장 중요한 것은 관계입니다.

인간은 관계없이 살 수 없는 존재이기 때문입니다. 위로는 하나님과의 관계, 아래로는 사람들과의 관계입니다.

(2) 자연과의 관계

다음에는 자연과의 관계가 중요합니다

오늘날 이상기후가 많고 질병이 많은 것은 자연을 파괴한 죄의 결과입니다.

(3) 하나님과의 관계

제일 중요한 것은 하나님과의 관계입니다.

십계명에서 1-4 계명은 하나님과의 관계를 바로 가지는 비결을 말씀한 것입니다. 그런데 이 관계에서 핵심을 이루는 것은 성령과의 관계입니다.

3. 동기의 중요성을 가르쳐 줌

당시 교회 안에 교리의 문제로 분열의 조짐이 생겼습니다. 그런데 이때에 이들은 이론적인 방법으로 해결하려고 하지 않았습니다. 성령께서 어떻게 역사하시는가를 보면서 성령이 인도하는 대로 문제를 해결하려고 했던 것입니다.

4. 내용의 중요성을 가르쳐 줌

사람들은 체면과 명분을 중요시합니다. 그렇지 않으면 자존심이 상하기 때문입니다. 그러나 중요한 것은 내용입니다.

초대교회에서는 이방 신자들을 얽어매고 있는 모든 것들을 없애되, 다만 유대인 신자들에게 도저히 감당할 수 없는 우상의 제물을 먹는 것, 이방인들이 흔히 갖는 음행, 목매어 죽인 것을 먹는 일, 피를 멀리하기로 결정했습니다. 유대인과 이방인 신자들이 서로 한 보씩 양보한 결정이었습니다. 서로의 체면과 명분을 손상치 않고 내용을 갖춘 결정이었습니다.

5. 어떻게 성령을 받을 수 있으며 동행할 수 있는가?

(1) 동기의 순수성이 있어야 함

내 뜻을 이루는 도구가 되어서는 안 됩니다. 하나님의 일을 하려는
순수한 동기가 있어야 합니다.

(2) 겸손해야 함

자신의 힘으로 할 수 없다는 것을 알고 성령을 간절히 원해야 합니
다. 자기를 믿는 자에게는 성령이 임하지 않습니다.

(3) 믿음이 가장 중요한 열쇠(막11:23).

성경은 우리가 겨자씨만한 믿음만 있어도 산을 옮길 수 있다고 했습
니다.

(4) 믿음과 함께 기도가 있어야 함

성경은 기도 외에는 다른 것으로 이런 유가 나갈 수 없다고 했습니
다.

성령을 거슬리지 말자

(행7:44-53)

얼마 전에 김진경 연변 과기대 총장을 만났습니다. 그분을 통해서 북한의 믿는 형제들의 결의문을 입수할 수 있었습니다.

북한에는 장로, 권사, 집사 등 직분은 없고 '전사들'이라고 부릅니다. 그리고 '예수님의 전사들의 수칙'이란 제목으로 '예수로 혁명화하자'는 구호를 혈서로 그 내용을 써가지고 왔습니다. 그것은 크게 다섯 가지 내용이었습니다.

① 예수 믿는 사람은 천대를 받음

　예수 믿는 사람은 천대를 받게 되어 있습니다. 그러나 그것이 긍지요, 기쁨입니다. "예수 믿는 사람들은 고난을 당하게 되어 있다." 이것이 우리의 영광이고 승리입니다.

② 칭찬받는 것보다 욕먹는 것을 먼저 배워라

③ 우리 예수 믿는 사람은 인민의 눈물을 닦아주고, 서로 눈물을 닦아주며, 주위의 모든 고통당하는 자들의 위로자가 되어야 합니다.

④ 사랑이 사랑을 낳고, 또 그 사랑이 새로운 사랑을 낳고, 그 사랑으로 인하여 많은 사람들을 예수님의 전사로 만들어야 합니다.

⑤ 성경이라는 잣대로 재면서 살아가야 합니다.

등이었습니다.

1. 성령과 동행하는 삶

성령과 동행하는 삶을 살려면 주의해야 할 세 가지가 있습니다.

(1) 성령훼방 죄를 조심해야

마 21:31절에 "사람의 모든 죄와 훼방은 사하심을 얻되 성령을 훼방하는 것은 사하심을 얻지 못한다."고 했습니다.

성령이 하시는 일은 주로 창조와 구원을 완성하시는 일입니다. 그런데 이것을 배척하고 비난하는 것은 성령의 하시는 일을 고의적이고 적극적으로 방해하는 것이기에 결과적으로 회개와 중생의 기회를 가질 수 없게 되고 영원한 심판에 떨어진다는 것입니다.

(2) 성령을 근심케 하는 죄를 조심해야 함

엡 4:30절에 "하나님의 성령을 근심케 말라"고 했습니다. 성령께서는 우리 안에 내주하시면서 역사하시는 인격체이십니다. 그런데 우리가 그의 지도와 인도를 따르지 않으면 성령께서 근심하십니다. 성령훼방 죄가 주로 불신자에게 일어나는 일이라면 성령근심 죄는 주로 성도들에게 일어나는 죄입니다.

(3) 성령을 소멸케 하는 죄를 조심해야 함

살전 5:19절에 "성령을 소멸치 말며"라고 했습니다. 이 말은 '성령의 불을 끈다'는 의미입니다. 성령의 역사가 일어나지 않도록 제한하는 행위를 말합니다.

2. 성령의 인도하심을 받아야 함

성령과 동행하는 삶을 살기 위해서는 먼저 영성을 개발하여 성령의 인도하심을 받아야 합니다.

(1) 성령의 인 치심(엡1:13)

이 말은 도장을 찍는다는 뜻으로 소유권을 보여줍니다. 하나님이 우리의 주인이 되시고 우리를 맡아 주관하는 분임을 확인하는 것을 말합니다.

(2) 성령의 세례가 있음(행1:5)

행 1:5절에 "요한은 물로 세례를 베풀었으나 너희는 몇 날이 못 되어 성령으로 세례"를 받으리라고 했습니다. 성령의 세례는 우리를 깨끗하게 하셔서 거듭나게 하시는 중생을 의미합니다. 성령세례의 결과는 우리가 그리스도의 지체가 되는 영적인 연합입니다.

(3) 성령의 충만이 있음(엡5:18)

성령의 충만은 반복적이고 계속적입니다. 다시 말하면 성령의 지배를 온전히 받는 상태를 말합니다. 우리는 지금 성령의 시대를 살고 있습니다. 성령의 충만함을 받아서 하나님의 일을 잘 감당해야 되겠습니다. 하나님의 일은 성령의 능력으로만 감당할 수 있기 때문입니다.

성령의 은사

(고전12:4-11)

성경에는 기록된 은사가 많이 있습니다. 그러므로 본문에 성령의 은사가 9가지 나온다고 그것이 전부라고 생각해서는 안 됩니다. 제가 성령의 은사의 숫자를 세어보니 27가지 정도 되는 것을 확인할 수 있었습니다. 예를 들면 사도직은 물론 주는 것도 은사이고, 다스리는 것도 은사이고, 돕는 것도 은사(고전12:28)입니다. 가르치는 것도 은사이고, 그 중에 서로 사랑하는 것은 가장 큰 은사입니다.

성령의 은사에 대해서는 엡 4:7-13절과 롬 12:3-8절에도 나옵니다. 따라서 여기서 말씀드리는 요지는 성령의 은사를 9가지로 한정시키지 말라는 것입니다.

1. 성령의 은사의 분류

오늘 본문에는 9가지만 나오는데 위에서도 말한 대로 그것이 전부이기 때문이 아니라 몇 가지만 예로 들고 있는 것입니다.

(1) 지혜의 은사(8절상)

하나님의 깊은 것들을 깨닫고, 설명할 수 있는 능력을 말합니다. 계시의 감각이나 예리한 통찰력을 말합니다.

(2) 지식의 은사(8절하)

성경을 깊이 연구한 후에 가르치는 은사와 함께 옵니다. 저는 이 은사를 받았습니다.

(3) 믿음의 은사(9절상)

모든 신자는 다 믿음이 있습니다. 그러나 어떤 사람들은 다른 사람들보다도 더 성령의 능력에 대한 믿음을 가진 사람들이 있습니다. 핍박이 심할 때 변함없는 믿음은 바로 믿음의 은사를 특별히 받은 사람들입니다.

(4) 병 고치는 은사(신유의 은사, 9절하)

능력을 나타내는 은사와 비슷합니다. 12제자와 70인 제자들에게 나타났던 은사입니다. 특히 오순절 이후에 두드러지게 나타났습니다. 방법도 다양하고, 병 고친 사람들도 다양합니다.

(5) 능력행하는 은사(10절상)

악령을 쫓아내고 육신의 병을 치료하는 은사입니다. 신유의 은사와 다른 것은 심지어 죽은 자까지 살리는 역사를 행하며 하나님께 함께 하신다고 하는 역사를 말합니다. 모세와 바울에게 이런 역사가 나타났습니다.

(6) 예언의 은사(10절중)

오늘날에는 새로운 계시가 없기 때문에 이 은사는 초대교회 때로 국한합니다. 그러므로 지금 예언한다는 것은 이단이거나 오해에서 나온 말입니다. 저도 박정희와 육영수가 죽을 것을 예배시간에 미리 말한 적이 있습니다. 그러나 그것은 예언이라기보다는 영적 통찰력을 가지고 보고 말한 것뿐입니다.

(7) 영들을 분별하는 은사(10절중)

이단을 분별하는 은사입니다. 그 말이 참인지 거짓인지 성경적인지 아닌지를 분별하는 은사입니다.

(8) 방언의 은사(10절하)

방언 은사에는 두 가지 종류가 있습니다. 사도행전 2장에 나오는 방언은 외국어 방언입니다. 그러나 고린도전서 12장에 나오는 방언은 흔히 천사의 말이라고 말합니다. 기도와 찬양을 하면서 하나님께 말하는 것을 말합니다. 특징은 단어가 고도로 축소되고, 요약되어 나옵니다. 예를 들면, '할영'=할렐루야 하나님께 영광 돌린다의 뜻. 단어와 단어 사이에 연결이 없이 비상이 있습니다. 이 방언은 황홀경에서 구사되는 말입니다. 자신에게는 만족이 있고, 기쁨이 있으나 교훈과 교회에 유익이 없는 데 문제가 있습니다.

(9) 방언 통역의 은사(10절하)

계시를 말할 때 영의 분별이 필요하듯이 방언 통역은 반드시 필요합니다. 자신이 직접 통역하기도 하지만(고전14:13) 보통은 다른 사람이 그것을 통역합니다. 마치 예술 비평가들이 연극이나 교향악이나 그림을 초보자에게 해석하는 것과 같습니다.

2. 은사에 대한 바른 이해

모든 은사는 다 교회를 돕기 위해서 필요한 것입니다. 또 중요한 것은 은사는 여러 가지이지만 다 그 근원은 한 성령입니다. 마치 우리에게 한 인격이 있지만 손과 발, 눈과 귀 많은 지체가 있는 것과 같습니다.

맺는말

우리는 다 은사가 있습니다. 그것을 본인이 분별을 못할 수는 있습니다. 그러나 아무리 은사를 받았어도 교회를 위해서 사용되지 않으면 아무리 많은 은사를 받았을지라도 다 소용이 없습니다. 그러므로 우리는 무엇을 가지고 있든지 주님과 교회를 위해서 사용하여 하나님께 영광이 되기를 축원합니다.

성령이 오실 때에

(요15 ; 18-27)

1. 보혜사 성령은 어떤 분이신가?

보혜사란 말은 '파라클레토스', 즉 도움을 주시기 위해서 불림을 받아 곁에 계신분이란 뜻입니다. 영어로는 보혜사를 '위로자', '상담자', '변호사'라고 번역하고 있습니다. 혹은 '대언자' 또는 '돕는자'라고도 번역하기도 합니다.

보혜사 성령은 예수님이 승천하신 후에 주님의 일을 계승하고 돕기 위해서 대신 보내심을 받은 분을 말합니다.

중요한 것은 성령님은 인격적인 분이란 점입니다. 인격이 없는 에너지나 힘이 결코 아닙니다. 인격이란 말은 지·정·의를 가지신 분이란 뜻입니다. 그래서 성경에 보면 성령님을 일컬을 때에 인칭대명사를 사용하고 있습니다.

2. 보혜사 성령님이 오실 때에 어떤 변화가 일어나는가?

(1) 영적 생명을 주심

무엇보다도 중요한 것은 영적 생명을 주십니다.

요 3:5절에 "사람이 물과 성령으로 나지 아니하면 하나님 나라에 들어갈 수 없느니라"고 했습니다. 왜냐하면 영적 세계는 성령으로 거듭나지 않고는 들어갈 수 없기 때문입니다.

　(2) 능력으로 강건하게 됨

　성령이 임할 때에 능력으로 강건하게 됩니다.

　엡 3:16절에 "그의 성령으로 말미암아 너희 속사람을 능력으로 강건
하게 하옵시며"라고 했습니다. 세상에 인간보다 약한 존재는 없습니다.
우리가 성령으로 강건하게 될 때에 비로소 우리는 세상을 이기고, 사탄
을 이기고, 자신을 이길 수 있습니다. 왜냐하면 롬 8:26절에 "성령도
우리 연약함을 도우시나니"라고 했기 때문입니다.

　(3) 신약시대에 성령께서 하신 6대 사역

　첫째 하나님을 알게 하십니다.

　본문 26절에 "성령께서 오실 때에 나를 증거 하실 것이요"라고 했습
니다.

　둘째 성령은 우리 구원의 보증이 되십니다.

　셋째 이적을 일으키십니다.

　지금도 성령이 임하시면 이적이 일어납니다. 결코 옛날에만 일어난
것이 아닙니다.

　넷째 중생케 하는 일을 하십니다.

　요 3:5절에 출생은 육체적 생명의 전달이지만 중생은 영적 생명의
전달임을 말씀하고 있습니다. 인간은 거듭나기 전까지는 영적으로 죽어
있음을 알아야 합니다.

　다섯째 부활의 권능을 베풀어 주십니다.

　주님이 오실 때에 부활을 합니다만 그것은 오직 성령 받은 사람만이
생명의 부활을 합니다. 성령을 안 받은 사람은 심판의 부활을 할 뿐입
니다.

여섯째 그리스도께 영광을 돌리도록 도와주십니다.

인생의 목적은 하나님께 영광을 돌리는 것인데 그것은 성령 받지 않고는 불가능 합니다.

3. 우리는 성령의 충만을 받아야 합니다.

성령의 충만은 그리스도께 순종하며 주님 안에 거하는 생활, 다시 말하면 성령께 지배받는 생활이 성령 충만입니다.

성령의 충만을 받아야 하는 이유는

첫째 성령의 충만을 받지 않고는 절대로 성공적인 신앙생활이 불가능하기 때문입니다.

둘째 구원의 확신이 없는 사람들이 많은 것은 성령의 충만을 받지 않았기 때문입니다.

셋째 성령의 충만을 받지 않고는 교회를 부흥시킬 수가 없기 때문입니다.

넷째 성령의 충만을 받지 않고는 성령의 열매를 맺을 수 없기 때문입니다.

세 가지 삶의 철학을 가지라

(고전10:32-33)

33절의 말씀이 저의 목회철학의 하나이고, 월평 동산교회에 있는 동안 이것을 실천하려고 애쓰기 때문에 여러분들에게도 이것을 함께 실천하고 싶어 이 말씀을 한 번 더 깊이 살펴보려고 합니다.

1. "모든 사람을 기쁘게 하여"

인간은 누구나 기쁨을 구하지만 문제는 자신만의 기쁨을 구하는 데 있습니다. 그러나 인간의 행복은 타인을 행복하게 하려고 애쓸 때 부산물로 주시는 것입니다. 기억할 것은 행복은 부산물이란 사실입니다. 믿습니까?

그러면 언제 모든 사람의 기쁨이 됩니까? 다섯 가지의 경우에 기쁨이 됩니다.

(1) 화목할 때의 기쁨

똑똑한 사람들이, 많이 배운 사람들이 남들에게 기쁨을 주지 못하는 경우가 많습니다. 자신만을 위하기 때문입니다. 그러므로 우리들은 마치 꿀벌처럼 서로를 위해 살아야 합니다. 그것이 바로 조화를 이루는 삶입니다.

(2) 창조할 때의 기쁨

하나님께서 세상을 창조하실 때 "하나님 보시기에 좋았더라"고 말씀을 했습니다. 창조할 때 기쁨이 온다는 것입니다. 그런데 우리도 문화를 창조할 수 있습니다. 그러나 그것은 누구나 다할 수 있는 것은 아닙니다. 그런데 누구나 다할 수 있는 것이 있습니다. 그것은 분위기를 아름답게 창조하고, 서로가 남을 배려하는 마음을 가지면 그것이 바로 사랑이요 기쁨이 됩니다.

(3) 성장할 때의 기쁨

자녀들이 무럭무럭 자랄 때 기쁨이 있습니다. 저는 여러분들의 신앙이 무럭무럭 자랄 때 제일 큰 기쁨이 있습니다. 여러분들이 저로 하여금 기쁨을 누리게 하시기를 진심으로 바랍니다. 돈 잘 버는데 믿음이 식으면 저는 슬퍼집니다.

(4) 열매를 맺을 때의 기쁨

성령의 열매를 맺을 때는 물론 세상적인 것이라 해도 열매를 맺으면 기쁨이 생깁니다.

(5) 자랑감이 될 때의 기쁨

자녀들이 학교에서 공부를 잘해서 상을 받으면 기쁨이 있습니다. 자랑감이 되기 때문입니다. 우리는 뭔가 자랑할 때 가장 기쁩니다. 바라기는 저와 여러분들이 다 하나님의 자랑감이 되고 목사의 자랑감이 되고, 교인들의 자랑감이 되기를 축원합니다.

2. "많은 사람의 유익을 구하여"

자기 개인의 유익을 구하면 참 기쁨과 행복은 오지 않습니다. 그러면 어떻게 할 때 다른 사람들의 유익을 줄 수 있습니까?

(1) 어디서든지 공헌할 때 유익

교회가 사회에 공헌하는 방법은 사회에 공의의 빛을 비추고, 사랑을 통해 사회를 따뜻하게 할 때입니다. 그러기 위해서 우리는 복음을 전해야 합니다. 우리는 어떤 면에서 다 이 시대의 등대입니다. 우리 사회의 등대입니다. 아무리 작은 빛이라도 불을 끄지 말고 비추면 그것이 합쳐서 큰 불이 될 수 있습니다.

(2) 원가절감을 통해서 우리 사회에 유익

최근에 기름 값이 얼마나 비쌉니까? 그래서 쓰레기도 줄이고, 쓰레기는 가능한 한 재활용을 하고, 그러면 그것이 바로 남들에게 유익을 줄 수 있습니다.

(3) 나누어 주면 유익

나누어 주면 유익을 줄 수 있습니다. 사회에 공헌하는 것은 큰일은 아무나 다할 순 없지만, 그러나 나 한 사람, 한 사람이 자기의 등불 빛을 비추고, 소금 맛을 낼 수는 있습니다. 그렇게 꼭 필요한 성도들이 다 되시기를 축원합니다.

3. "저희로 구원을 얻게 하라"

성경에 나오는 구원의 개념은 아주 폭이 넓습니다. 치유, 건강의 회복, 위기에서의 탈출, 영혼의 구원 등. 여기서 본문은 넓은 의미의 구원을 말하는 것입니다.

지금의 시대를 일본의 하타무라 요타로는 '실패의 시대'라고 정의하였습니다. 이런 때에 우리는 성공을 통해서 하나님께 영광을 돌려야 합니다.

지금 모든 것이 다 본래의 궤도에서 벗어나고 있습니다. 이런 때에 다시 회복운동을 일으키면 나 자신은 물론 내 가정과 교회를 구원할 수 있습니다. 그러므로 우리 모두가 구원하는 일에 협력할 수 있기를 축원합니다.

이제 설교를 맺습니다. 바라기는 나의 생활철학이 무엇인가를 살펴보면서 기도하는 새벽이 되기를 바랍니다.

저의 목회철학이 여러분들의 철학이 되고, 온 성도들의 철학이 되면 우리 교회는 글자 그대로 에덴동산과 같은 동산교회가 될 줄로 믿습니다. 그런 성도와 교회가 되기를 축원합니다.

세우는 여인과 허는 여인

(잠14:1-3)

이 세상에는 세우는 자와 허무는 자가 있습니다. 어디서나 있습니다. 교회에도 세우는 자와 허무는 자가 있습니다. 알고 세우고 헐기도 하지만, 모르고 세우고 허는 경우도 있습니다. 어떤 분은 보면 자기는 교회에서 열심히 일한다고 생각하는데 사실은 교회를 허는 일을 할 때도 있습니다. 바울이 바로 그런 사람이었습니다. 하나님을 위해서 기독교를 박해하는 일을 했던 것입니다. 오늘은 제목을 좀 좁혀서 세우는 여인과 허무는 여인이란 주제로 함께 은혜를 나누려고 합니다.

1. 집을 세우는 여인과 집을 허무는 여인

아내는 그 중요성을 아무리 강조해도 부족합니다. 왜냐하면 아내는 청년에게는 연인이요. 중년에게는 친구, 노년에게는 간호사이기 때문입니다. 이것은 베이컨이란 유명한 철학자가 한 말입니다. 그래서 히브리 격언에는 '악처는 백년의 흉작'이라는 말이 있습니다. 우리나라의 고전인 명심보감에 보면 '어진 아내는 육친을 화목하게 하고 간특한 아내는 육친을 깨뜨린다'고 했습니다. 한국의 격언에는 이런 말이 있습니다. '아내 나쁜 것은 백 년의 원수요 된장 쉰 것은 일 년 원수'라는 말입니다.

2. 세우는 여인과 허무는 여인

그 특징을 본문에서는 이렇게 말씀하고 있습니다. 14:1절에 보면 세우는 여인은 지혜가 있는 여인이고, 허는 여인은 미련한 여인입니다. 14:2절에 보면 세우는 여인은 여호와를 경외하는 여인이고, 허는 여인은 여호와를 경멸하는 여인입니다. 14:3절에 보면 집을 세우는 여인은 겸손한 여인이고, 집을 허는 여인은 교만한 여인입니다.

3. 아내에 따라 오는 결과

(1) 집을 세우는 여인 허무는 여인

집을 세우기도 하고 헐기도 합니다. 무슨 뜻입니까? 집을 세우는 여인은 가족관계를 잘 가지고, 친척은 물론 이웃과의 관계를 잘 유지하는 사람입니다. 그러나 집을 허무는 여인이 있습니다. 제 멋이나 내고, 제 몸 치장이나 하고, 자녀 교육을 등한시하고 남편의 건강에 대해 무관심한 여인을 말합니다.

(2) 어머니는 최초의 교사

자녀들의 믿음은 아내의 영향이 큽니다. 물론 때로는 아버지의 영향을 받기도 하지만 그렇지 못한 경우가 많습니다. 그래서 어머니는 최초의 교사요 목회자입니다. 저는 작년에 자살한 현대의 회장 부인을 나무랄 마음도 자격도 없지만, 그러나 남편이 죽기 전에 아내와 의논할 수 없는 여인이었다면 문제가 있다고 믿습니다.

(3) 매를 맞는 가정

아내에 따라 하나님으로부터 매를 맞는 가정도 있고, 인간관계를 잘 가져서 가정을 보전하기도 합니다. 사실 역사를 만들어가는 사람들은 거의 다 남자들입니다. 그러나 가정을 만들어가는 것은 여자이고, 또 자녀를 만드는 것도 여자입니다. 그러므로 아내는 아들을 만들고, 남편을 만듭니다. 바라기는 우리 모두가 다 세우는 자가 되고, 허무는 자가 되지 않기를 축원합니다.

소리가 온 땅에 통하고

(시19:1-4)

1. 하나님의 영광은 어디에서 나타나는가?

(1) 하늘에서 나타남

해와 달과 별과 구름을 통해서 하나님이 하시는 일이 나타납니다.

(2) 궁창에서 나타남

천둥, 번개, 비와 눈, 바람 등을 통해 하나님이 하시는 일이 나타납니다.

2. 온 땅에 하나님의 영광을 나타남

하나님의 영광은 소리 없이도 나타나고, 들리는 소리를 통해서도 나타나 온 땅에 하나님의 영광을 나타냅니다

3. 소리의 종류

(1) 자연의 소리

바람, 물, 비, 파도의 소리 등……．

(2) 동물의 소리

새들, 짐승들, 개구리 등……．

(3) 곤충의 소리

풀벌레, 매미, 귀뚜라미 소리 등……．

(4) 사람의 소리

노래, 언어, 아이들의 노는 소리 등…….

4. 소리를 통한 하나님의 영광은?

(1) 찬양과 찬송으로 나타남

하나님은 성도의 찬양을 받으시기를 원하십니다.

(2) 하나님이 기뻐하는 찬양

엡 5:19절에 "시와 찬미와 신령한 노래들로 서로 화답하며 너희의 마음으로 주께 노래하며 찬송하며"라고 했습니다.

(3) 찬송의 종류

첫째 송영, 직접적으로 하나님께 찬양하는 것

둘째 간접적으로 하나님께 찬양하는 것

셋째 자신의 체험을 노래하는 것(아멘이 없다)

여기에는 복음찬송과 부흥찬송 등이 있습니다. 예를 들면 '주 예수보다 더 귀한 것은 없네', '어저께나 오늘이나', '갈보리 산 위에', '거기 너 있었는가' 등이 있습니다.

순종의 결과

(출4:27-31)

본문에 보면 모세와 아론과 백성들은 순종을 했고, 그 결과 이들은 큰 축복을 받았습니다.

1. 하나님께 순종한 모세

호렙산에서 하나님께서 처음 모세를 불러서 세울 때에 모세는 몇 번 거절을 했습니다. 그러나 이제 모세는 변했습니다. 하나님께 절대적으로 순종했습니다. 4:24절에 보면 길에서 죽을 뻔한 일을 당하고도 모세는 하나님의 뜻에 따라 광야로 갔습니다. 이런 모세에게 하나님께서는 계속해서 능력의 지팡이를 주시고, 아론을 주셨습니다.

2. 아론의 순종

아론은 하나님께서 모세를 영접하라는 명령을 받았을 때 순종했습니다.

'아니 내가 동생에게 순종해, 촌수도 모르나, 내가 어른인데' 하고 고집을 부리지 않았습니다. 이 순종의 결과는 하나님의 섭리를 가장 먼저 알게 되는 축복을 받았습니다. 또 모세와 함께 하나님의 도구로 사용되었습니다.

아론은 순종함으로 출애굽하여 가나안 땅으로 가는 영광을 얻게 된 것입니다.

3. 순종한 백성들

모세와 아론이 이스라엘 장로들과 온 백성을 모아 놓고, 하나님의 뜻을 전하였을 때 백성들은 크게 기뻐했습니다. 족장인 아브라함에게 주신 언약이 이제 이루어진다는 것을 깨닫고 기뻐하며 하나님께 머리 숙여 경배했습니다.

이처럼 순종은 중요한 것입니다. 그래서 삼상 15:22절에 "순종이 제사보다 낫고, 듣는 것이 수양의 기름보다 나으니"라고 했습니다.

4. 순종의 결과는?

순종의 결과는 대단히 큽니다. 사실 성경에서 '듣는다'라는 말은 '순종한다'는 뜻을 포함하고 있습니다. 그래서 기독교는 순종을 가장 큰 미덕으로 삼고 있습니다.

(1) 아브라함에게 주신 언약

아브라함에게 주신 언약이 모세의 당대에 이루어졌습니다. 그들은 큰 민족을 이루었고 가나안 땅에 들어가게 된 것입니다.

(2) 하나님의 도구가 되어

모세와 아론과 백성들은 하나님의 도구가 되어 큰일을 한 것은 그들이 하나님께 순종했기 때문입니다.

(3) 축복을 눈으로 보고 체험

하나님의 인도하심과 축복을 눈으로 보고 체험했습니다.

체험은 하나님이 함께한다는 증거를 볼 때 생깁니다. 또한 이러한 체험을 할 때 확신을 가질 수 있습니다.

술과 다툼과 잠

(잠20:1-15)

1. 술과 마귀

성경에는 술에 관한 많은 말씀이 나옵니다. 창세기 9장에 보면 노아가 술에 취해서 옷을 벗고 잔 내용이 나오는데 이것을 보면 노아처럼 믿음이 있는 사람도 술에 취하면 자기가 자신을 어떻게 하지 못하는 것을 볼 수 있습니다. 문제는 영적 전쟁에서 사탄 마귀가 술을 이용하여 성도들의 양심을 마비시키고, 경건한 생활을 방해한다는 문제가 있습니다. 그래서 엡 5:18절에 보면 "술 취하지 말라. 이는 방탕한 것이니"라고 했고, 딤전 3:3절에서는 장로의 자격으로 "술을 즐기지 아니하며"라고 했습니다. 우리가 흔히 하는 말 가운데서 "처음에는 사람이 술을 먹고, 다음에는 술이 술을 먹고, 마지막에는 술이 사람을 먹는다"는 말이 있는데 이것은 경험적으로 옳은 말입니다. 술의 해독이 무엇입니까?

첫째는 여러 가지의 병,

둘째는 싸움,

셋째는 소란과 추태,

넷째는 게으름과 일하기 싫어하는 것,

다섯째는 가정불화입니다.

그래서 술에 대해 이렇게 경고하고 있습니다. 술은

첫잔은 건강을 주고,

둘째 잔은 즐거움을 주고,

셋째 잔은 수치를 주고,

넷째 잔은 그대를 미치게 만든다고 했습니다.

여러분. 인생의 3대 유혹이 있는데

첫째는 이성에 대한 욕심,

둘째는 술,

셋째는 재산에 대한 탐욕입니다.

그 중에 하나가 술입니다. 재미있는 것은 프랑스의 격언에 이런 말이 있습니다. '여인과 돈과 술에는 즐거움과 독이 있습니다.' 바라기는 술을 멀리 하여 건강도 얻고, 가정의 화평도 이루고, 경건한 생활도 할 수 있기를 축원합니다.

2. 다툼과 해결책

20장 3절에는 "다툼을 멀리하라"고 했습니다. 사실 다툼을 보면 다툼이 일어날 당시에는 어쩔 수 없이 보이나 시간이 지난 후에는 싱거워지는 것이 다툼입니다. 그런데 사람들은 다툼에 대해서 서로 자신의 잘못을 인정하기를 꺼립니다. 그러면 어떻게 다툼을 해결해야 할까요?

(1) 조금만 더 참고 용서

조금만 더 서로 얘기하고, 조금만 더 참고, 조금만 더 용서하면 결국 다툼은 끝이 나고 맙니다.

(2) 자기 잘못을 인정

한 사람이 자기의 잘못을 인정하면, 상대방도 자기의 잘못을 인정하게 되어 결국 마침내는 "나의 잘못이로소이다"하고 화목하게 됩니다.

3. 잠자기를 좋아하지 말라

13절에 보면 "너는 잠자기를 좋아하지 말라 네가 빈궁하게 될까 두려우니라"고 경고했습니다. 잠언 6:9-11절에 보면 잠에 대해서 자세히 말씀하고 있습니다. "게으른 자여, 네가 어느 때까지 눕겠느냐? 네가 어느 때에 잠이 깨어 일어나겠느냐? 좀 더 자자 좀 더 졸자 손을 모으고 좀 더 눕자 하면 네 빈궁이 강도같이 오며, 네 궁핍이 군사같이 이르리라"

잠은 하나님이 인간에게 주신 최고의 휴식이지만, 그러나 너무 많이 자면 해야 할 일을 하지 못하게 됩니다. 주님은 잠의 문제점을 이렇게 말씀했습니다. "어찌하여 자느냐? 시험에 들지 않게 일어나 기도하라(눅 22:46). 즉 사탄이 잠을 이용하여 우리들로 하여금 기도하지 못하도록 한다는 것입니다. 그러므로 잠에 대한 훈련이 바로 되어야 합니다.

술을 절제하라

(잠23:29-36)

인간에게 있어서 절제는 하나님의 명령이며 경건의 훈련일 뿐만 아니라 이 땅에서의 승리의 비결입니다. 우리는 말에 절제하고, 시간에 절제해야 하고, 술에 절제해야 합니다.

1. 왜 절제해야 하는가?

(1) 술의 절제

술의 절제는 하나님의 명령일 뿐만 아니라 그것이 경건의 훈련이기 때문입니다. 오늘 본문 29절에 보면 재앙·근심·분쟁·창상(상처입음), 붉은 눈(눈이 충혈 된 사람)이 뉘게 있느뇨? 하고 질문한 후에 30절에서 "술에 잠긴 자에게 있고"라고 했습니다. 재앙이나 근심이나 분쟁이 술에 잠길 때에 오기 때문에 피하라는 것입니다.

(2) 황금만능주의를 벗어날 수 있는 비결

절제하는 것은 오늘날의 황금만능주의를 벗어날 수 있는 비결이기 때문입니다.

황금만능주의는 현대의 가장 무서운 우상입니다. 지금 우리 사회는 황금만능주의로 인해서 죽어가고 있습니다. 이것을 극복하려면, 절제하는 법을 배워야 합니다.

(3) 과소비를 막을 수 있기 때문

절제하는 것은 오늘날의 과소비를 막을 수 있기 때문입니다. 재산을 탕진하는 사람은 반드시 술을 좋아하는 사람들입니다. 우리가 돈은 써야 하지만 과소비는 막아야 합니다. 그것은 술의 절제에서 비롯됩니다.

(4) 사랑을 실천할 있는 비결

절제는 사랑을 실천할 있는 비결이기 때문입니다. 절제하지 못하면, 남에게 사랑을 실천할 수 없습니다.

2. 왜 술을 절제해야 하는가?

(1) 사람을 마시는 술은 보지도 말라

술이 마침내 사람을 마시게 되기 때문입니다. 한국의 속담에 '처음에는 사람이 술을 마시지만, 그 다음에는 술이 술을 마시고, 나중에는 술이 사람을 마신다'는 말이 있습니다. 이것은 사실입니다. 그러므로 31절에 보면 "술은 보지도 말라"고 했습니다.

(2) 술에는 빈궁과 도적이 따름

술이 있는 곳에는 항상 빈궁이 따라오기 때문입니다. 다음에는 무엇이 따라옵니까? 술에는 빈궁이 따라오고, 다음에는 도적이 따라온다고 했습니다. 잠 23:21절에 "술 취하고 탐식하는 자는 가난하여질 것이요"라고 했습니다. 술을 좋아하면 결국 가난해진다는 말입니다.

(3) 술에는 즐거움과 독이 있음

인생의 3대 유혹이 있습니다. 그것의

첫째는 술이고,

둘째는 색이고,

셋째는 탐재입니다.

프랑스 격언에 "여인과 돈과 술에는 즐거움과 독이 있습니다."고 했습니다. 그래서 잠 23:20절에서는 "술을 즐겨하는 자와 고기를 탐하는 자로 더불어 사귀지 말라"고 했습니다. 물론 고기에 술을 약간 넣어서 부드럽게도 만들고, 소화가 되지 않을 때 술을 좀 먹으면 소화가 잘 되고, 또 밤에 잠이 오지 않을 때 술을 마시면 잠이 잘 오는 이점도 있습니다. 그러나 성경에서 술을 경고하는 것은 그것이 유혹이 되고, 독이 되기 때문입니다.

맺는말

엡 5:18절에 "술 취하지 말라. 이는 방탕한 것이나 오직성령의 충만을 받으라"고 했습니다. 그러므로 술 취하지 말고, 성령에 취해서 항상 승리하는 자들이 되시기를 축원합니다.

슬기로운 자와 미련한 자

(잠14:4-17)

이 세상에는 두 가지 종류의 사람들이 살고 있습니다. 하나는 슬기로운 자이고 다른 하나는 미련한 자입니다. 우리는 슬기로운 자가 되어야 행복할 수 있고, 슬기로운 자가 되어야 승리의 삶을 살 수가 있습니다.

1. 슬기로운 자의 삶의 철학

(1) 하나님을 두려워하는 사람

"두려워하여" 그러나 영어성경에는 fears the Lord(하나님을 두려워하여)라고 분명하게 번역하고 있습니다. 인간은 무엇인가를 두려워합니다. 하나님을 두려워하거나 사람을 두려워하거나 둘 중에 하나입니다. 그런데 하나님을 두려워하는 사람은 다른 아무 것도 두려운 것이 없습니다. 반대로 하나님을 두려워하지 않는 사람은 모든 것을 두려워합니다. 실직을 두려워하고, 암을 두려워하고, 교통사고를 두려워하고, 모든 게 두려운 것입니다.

(2) 악에서 떠나야

"악에서 떠나." 피한다는 뜻입니다. 안 피하면 결국 악에 빠지게 되고, 악에 물들게 되고, 악의 사람이 됩니다.

(3) 행동을 스스로 삼가야

"그 행동을 스스로 삼가느니라" 영어 성경에는 thought to his

steps라고 번역했습니다. 한발 한발 조심한다는 뜻입니다.

2. 미련한 자의 삶의 철학

(1) 온갖 말을 믿음

"온갖 말을 믿으나", believes anything. 자기 안에 든 것이 없으니 누가 뭐라고 말하면 그것을 그대로 받아들인다는 말입니다.

(2) 방자함

"방자하여." 교만하다는 뜻입니다. 사실 저도 예수를 믿기 전에는 믿기는 뭘 믿어, 내 주먹을 믿지 하고 망령되이 살았습니다. 영어성경에는 hotheaded and reckless.(성급하고 분별이 없다)고 번역했습니다.

3. 지혜롭게 살려면

(1) 믿음

먼저 하나님을 믿는 것입니다.

(2) 순종

그의 말씀을 사랑하고, 순종하는 것입니다.

(3) 기도

기도하며 그를 기쁘게 하는 삶을 사는 것입니다.

시체같이 영적으로 죽은 사데 교회

(계3:1-6)

사데는 오늘의 터키, 즉 루디아의 수도입니다. 이곳은 사금으로 유명하여 금이 그들의 우상이 된 곳입니다. 고레스 왕이 이곳을 점령했을 때에 6백만 불에 해당하는 전리품을 얻었다는 말도 있습니다. 그리고 사데는 상업의 중심지이며 특히 염색으로 유명한 곳이었습니다.

역사가들의 기록에 의하면 사데 교회는 사도 요한의 설교로 세워진 교회라고 합니다. 바로 이런 교회에 주님의 경고를 들은 사도의 마음은 대단히 아팠을 것입니다. 사데 교회는 이슬람교가 들어오기 전에 망한 최초의 교회로 알려져 있습니다. 그 세속화와 자유화가 얼마나 심한지 성경은 "살았다 하는 이름은 가졌으나 죽은 자로다"고 규정하고 있습니다.

오늘날 세계의 여러 곳을 방문해 보면 이런 유의 교회를 많이 볼 수 있습니다. 유럽은 하나님이 떠난 지 오래 되고, 미국은 금방 떠나셨고, 한국은 지금 떠나고 계십니다.

1. 책망만 받은 사데 교회

놀라운 것은 이런 교회 안에 "그러나 사데에 그 옷을 더럽히지 아니한 자 몇 명이 네게 있어 흰옷을 입고 나와 함께 다니리니"(4절)라고 말씀한 점입니다. 이 '남은 자'에 대한 말씀에 주목해야 합니다. 많은 사람

가운데 소수, 육적인 사람들 가운데 영적인 사람, 더러운 사람들 가운데 깨끗한 사람, 잠자는 자들 가운데 깨어 있는 사람, 잃은 사람들 가운데 구원받은 자, 패배한 자들 가운데 승리한 자가 있다는 것입니다. 이 소수의 사람들에게 주님은 귀한 약속을 주셨습니다. 오늘의 요절인 5절의 말씀입니다.

2. 사데 교회에 대한 주님의 책망과 경고

네 가지의 권고의 말씀이 있습니다.

(1) 복음을 지켜야 함

처음 들은 복음을 잊지 말아야 합니다.

(2) 회개해야 함

회개하는 것입니다.

"만일 일깨지 아니하면 내가 도적같이 이르리니"(3:3)라고 했습니다. 이와 비슷한 말씀이 살전 5:2절에서도 발견됩니다. 이것은 '깨어 있으라'는 말입니다.

(3) 지켜야 함

그 남은 것을 강하게 해야 합니다. 옷을 깨끗하게 빨아서 입어야 합니다. 여기서 더러운 옷이란 도덕적으로 문란한 것과 영적으로 불신실한 것을 말합니다. 그러면 어떻게 옷을 깨끗하게 빨 수 있나요? 계 7:9,14절의 말씀처럼 "어린 양의 피에 그 옷을 씻어 희게"하는 것을 말합니다.

(4) 일깨워야 함

이 말은 조심해야 한다는 말입니다.

3. 사데 교회가 사는 비결은?

세 가지를 말씀하고 있습니다.

첫째 '생각하고'입니다.

처음 들었던 말씀, 그들이 받았던 교훈들을 다시 기억해야 합니다.

둘째 '지키어'라고 했습니다.

셋째 '회개하라'(3:3)고 하였습니다.

신령한 세계

(고전 12:1-3)

　인간에게는 육체와 영혼이 있듯이 육체가 사는 현상의 세계가 있고, 영혼의 고향인 신령한 세계가 있습니다. 우리는 어느 하나도 무시할 수 없습니다. 그러나 눈에 보이지 않는 신령한 세계는 더 중요한 것이기 때문에 우리가 절대로 무시해서는 안 됩니다. 그러나 사람들은 눈에 보이지 않는 것보다는 눈에 보이는 것에 더 치중하고 따라갑니다. 그것은 아담이 창 6:3절의 말씀처럼 "육체가 됨이라" 신령한 세계를 상실하고 부터 그렇게 되었습니다.

1. 신령한 세계의 중요성

　그러나 바울은 1절에서 신령한 세계의 중요성을 강조합니다. "형제들아 신령한 것에 대하여는 내가 너희의 알지 못하기를 원치 아니하노라"(고전12:1). 이 말씀은 이중부정으로 강조를 뜻하는 말입니다.

　그러면 신령한 세계는 어떤 세계인가? 크게 넷으로 나눌 수 있습니다.

　(1) 영혼의 세계

　(2) 신령한 것들

　성령의 은사들, 천사들, 은사들을 받는 비결

　(3) 천국, 종말의 징조와 승리의 비결

(4) 삼위일체 하나님

사실 가장 신비하고 이해하기 어려운 것이 바로 삼위일체 하나님이십니다. 그러나 그 신비는 이 세상에 있는 동안은 완전하게 이해할 수는 없습니다. 그러나 천국에 가면 누구나 다 이해하게 될 것입니다.

2. 이방인으로 있을 때

이방인으로 있을 때의 상태를 기억해야 합니다(12:2절). 그때에는 "우상에게로 *끄는* 그대로 끌려갔느니라." 중요한 것은 그때의 우리는 사탄의 지배를 받는 사람들이었다는 것을 기억해야 합니다. 다시 말하면 이 세상의 모든 것은 사탄의 지배를 받거나 성령의 지배를 받고 있는 것입니다. 안 믿을 때에는 자기도 모르게 사탄의 지배를 받아 우상에게 절하고, 우상의 제물을 먹는 것입니다.

3. 성령받음과 변함

그러나 지금의 상태는 완전히 변한 것을 깨달아야 합니다. 우리가 예수님을 주라고 시인하는 것은 바로 성령을 받았다는 증거란 말씀입니다. 왜냐하면 "성령으로 아니하고는 누구든지 예수를 주시라 할 수 없느니라"고 했기 때문입니다.

그러면 우리가 성령을 받은 것을 무엇으로 알 수 있습니까?

(1) 외형적으로 분별하는 것은 완전치 못함

많은 사람들은 방언을 하거나 예언을 하거나 신유의 은사를 받으면 그것이 성령을 받은 증거라고 생각합니다. 그러나 그럴 수도 있고 아닐 수도 있다는 것을 우리는 알아야 합니다. 왜냐하면 다른 종교에도 방언이 있고, 무당들도 신유의 병 고치는 은사가 있고, 심지어 예언까지 하기 때문입니다. 그러므로 외형적인 것으로 분별하는 것은 완전치 못합니다.

(2) 예수님을 시인하고 고백함

예수님을 고백하고 시인하면 성령을 받은 것으로 믿어야 합니다. 성경이 그렇게 말씀하고 있기 때문입니다.

(3) 교회에서 즐겁고 봉사하고 싶음

교회가 좋고, 교회에 오면 마음이 편하고, 오면 무엇인가 봉사하고 싶다고 하면 그것은 성령 받은 증거입니다.

(4) 성령께서 내주하심

죄를 지으면 마음이 괴롭고, 주일에 빠지면 마음이 편치 못하면 그것은 성령을 이미 받았고, 성령께서 내주하고 있다는 증거입니다.

맺는말

세상 것도 무식하면 불편할 때가 많습니다. 하물며 신령한 세계를 모르면 어둡고, 동물처럼 살게 됩니다. 그러므로 우리 모두가 다 하나님의 신령한 세계를 통해 날마다 영적 삶을 살아가기를 축원합니다.

신비한 하나님의 경륜

(롬11:11-12)

하나님의 경륜은 신비해서 인간의 지혜로는 도저히 알 수가 없습니다. 하나님의 섭리는 참으로 신비합니다.

1. 하나님의 오묘한 경륜

하나님은 이스라엘이 신실한 종이기를 바랐습니다. 그러나 그들은 고집이 세고, 불충성했습니다. 그런데 오늘의 본문에 보니까 "저희의 넘어짐으로 구원이 이방인에게 이르러 이스라엘로 시기 나게 함이니라"고 했습니다. 하나님의 경륜은 두 가지였습니다. 하나는 이스라엘이 넘어짐을 오히려 선용하셔서 복음이 이방에 전파되는 계기를 만들었고, 다른 하나는 이방의 축복을 보면서 이스라엘로 하여금 시기와 질투가 나게 하려는데 있었던 것입니다.

2. 저희의 실패가 이방인의 부요가 됨

12절에 "저희의 실패가 이방인의 부요함이 되거든 하물며 저희의 충만함 이리요"라고 했습니다.

하나님의 경륜의 두 번째 단계는 이스라엘이 하나님께로 돌아와 충만한 축복을 받게 될 때에는 더 큰 축복이 이방에 온다는 것입니다. 우리는 이것이 구체적으로 무엇인지를 모릅니다. 그러나 이스라엘의 넘어짐을 통해서도 놀라운 뜻을 이루신 하나님께서 이스라엘의 충만함을 통해

서는 더 큰 역사를 이룰 것은 두 말할 필요가 없습니다. 그것은 하나님
의 뜻을 완전히 성취하는 것일 것입니다.

그것은

① 이스라엘의 복음화.

② 땅 끝까지의 복음전파.

③ 주님의 재림과 관련된 내용임이 틀림없습니다.

그렇다면 하나님의 뜻을 이루기 위해서 우리는 무엇을 해야 할 것인
가를 생각해야 되겠습니다. 내 계산으로만 인생을 계획하지 말고, 설계
하지 말고, 오직 하나님의 뜻에 따르는 삶이 되어야 합니다. 우리의 생
각은 유한해서 성공 같으나 실패이고, 하나님의 뜻은 실패 같으나 성공
이기 때문입니다.

실족치 않게 하려 함이니

(요16:1-11)

1. 광야 같은 세상

먼저 알아야 할 것은 이 세상은 광야이기 때문에 누구나 실족함이 있다는 것입니다.

성경은 실족에 대하여 다음과 같이 말하고 있습니다. 마 18:7절에 "실족케 하는 일이 없을 수는 없으나 실족케 하는 그 사람에게는 화가 있도다"고 경고했습니다. 6절에서는 "누구든지 나를 믿는 이 소자 중 하나를 실족케 하면 차라리 연자 맷돌을 그 목에 달리우고 깊은 바다에 빠뜨리우는 것이 나으니라"고 했습니다.

2. 실족케 하는 것들

(1) 양을 이리 가운데 보냄과 같도다

세상 사람들에게서 실족하는 일이 많이 있습니다.

주님께서는 이것을 미리 아시고 제자들을 파송하면서 말씀하셨습니다. 마 10:16절에 "내가 너희를 보냄이 양을 이리 가운데 보냄과 같도다. 그러므로 너희는 뱀같이 지혜롭고, 비둘기같이 순결하라"고 하였습니다. 세상에는 수많은 실족케 하는 일들이 있기 때문이었습니다. 세상에는 빛이 없기 때문에 밤을 사는 사람들에게는 실족할 일들이 많은 것입니다.

(2) 의심하게 될 때

하나님께 대한 기대가 이루어지지 않을 때, 믿다가 실망해서 실족하기도 합니다. 하고 있는 일이 너무 무겁고 힘들어서 실족하기도 합니다. 그러나 따지고 보면 우리 자신에게 더 큰 문제가 있습니다. 그것은 욕심이 많았을 경우입니다. 그리고 인내하지 못하는 데서 오는 경우입니다.

(3) 교회 안에서도 실족함

교회도 세상의 일부이기에 실족하는 일이 있습니다. 그리고 성도라고 하지만 구성원들이 다 불완전한 존재들입니다. 아직 죄악의 요소들이 다 제거되지 못한 존재들이기 때문에 실족하게 하는 일과 실족하는 일들이 있습니다.

3. 실족하지 않는 삶

실족하지 않는 삶을 사는 비결은 무엇일까요?

(1) 하나님을 바라보아야

위를 바라보고 하나님을 바라보아야 합니다.

시 42:5,11절에 "내 영혼아 네가 어찌하여 낙망하며 어찌하여 내 속에서 불안하여 하는고. 너는 하나님을 바라라. 그 얼굴의 도우심을 인하여 내가 오히려 찬송하리로다."라고 했습니다.

하나님은 우리를 실족하지 않게 도와주시는 분이십니다. 시 66:9절에 "우리의 실족함을 허락지 아니하시는 주시로다"고 했습니다. 그리고 시 121:3절에 "여호와께서 너로 실족치 않게 하시며"라고 했습니다.

(2) 주님을 꼭 붙잡아야

주님의 손을 꼭 붙잡아야 합니다.

왜냐 하면 실족하는 원인이 말씀을 순종하지 않는 데서 오기 때문입니다. 어린애가 아무리 복잡한 길을 가도 어머니의 손만 꼭 잡으면 결코 길을 잃지 않습니다. 엄마의 손을 놓는 순간부터 길을 잃게 되는 것입니다. 사 41:10절에 "두려워 말라. 내가 너와 함께함이니라. 놀라지 말라. 나는 네 하나님이 됨이니라. 내가 너를 굳세게 하리라. 참으로 너를 도와주리라. 참으로 나의 의로운 오른손으로 너를 붙들리라"고 하였습니다.

(3) 바른 길로만 가야

주님이 말씀하는 바른 길로 가면 실족하지 않습니다.

바른 길 즉, 진리의 길로 갈 때에는 실족하지 않습니다. 잠 4:12절에 "달려갈 때에 실족하지 아니하리라"고 했습니다. 요 11:9절에 "이 세상의 빛을 봄으로 실족하지 아니하고"라고 하였습니다. 예수님은 곧 진리이시기 때문입니다. 주의 말씀은 내 발에 등불이 되기 때문입니다. 시 119:105절에 "주의 말씀은 내 발에 등이요 내 길에 빛이니이다"고 하였습니다.

실천적 신앙

(고전16:1-9)

1. 세 가지 종류의 신앙

(1) 형식적 신앙

행함이 없는 '형식적 신앙'이 있습니다.

(2) 병든 신앙

신앙은 있으나 능력이 없는 '병든 신앙'이 있습니다.

(3) 역사하는 신앙

살아 '역사하는 신앙'이 있습니다.

바라기는 우리 모두가 역사하는 신앙의 소유자가 세상에서 승리할 수 있기를 축원합니다.

2. 믿음의 열매

믿음의 공동체를 위해서 '믿음의 열매'를 맺어야 합니다. 열매 없는 신앙은 형식적 신앙이든지 아니면 병든 신앙입니다. 그러면 믿음의 열매는 무엇인가요? 본문에는 두 가지를 말씀하고 있습니다.

(1) 얻은 대로 저축하여 연보

2절, "각 사람이 얻은 대로 저축하여 연보"를 해야 한다고 했습니다. 지금 십일조 생활을 보면 많은 분들이 열심히 헌금하고 있습니다. 참 감사한 일입니다. 하나님께서 이런 분들에게 약속하신 넘치는 축복을 주실 줄로 믿습니다. 연보는 우리의 공동체인 월평 동산교회를 움직이는 기름과 같습니다.

(2) 매주일 첫날에

2절에 "매주일 첫날에"라는 말씀은 정규적으로 헌금하라는 뜻입니다. 기분이 날 때만 하는 것이 아니라 매달, 규칙적으로 헌금을 할 때 복이 있다는 것입니다. 그러므로 헌금하면 다 복을 받지만 하나님께서 기뻐하는 헌금은 정규적으로 드리는 헌금입니다. 기분대로 드리는 것은 믿음으로 드리는 것이 아니기 때문에 하나님의 축복은 반감됩니다.

(3) 경건한 생활을 해야

마지막으로 가장 중요한 것은 참, 경건한 생활을 해야 합니다.

약 1:27절을 함께 찾아서 읽겠습니다. "하나님 아버지 앞에서 정결하고, 더러움이 없는 경건은 곧 고아와 과부를 그 환란 중에 돌아보고 또 자기를 지켜 세속에 물들지 아니하는 이것이니라."

참 경건을 두 가지로 표현했습니다.

첫째 고아와 과부를 돌아보는 것. 적극적으로는 나의 도움을 필요로 하는 사람들을 돌아보는 것입니다.

둘째 세속에 물들지 않도록 자가를 지키는 것이라고 했습니다. 이것은 소극적이기는 하지만 대단히 중요한 것입니다. 그래서 롬 12:2절에 보면 "너희는 이 세대를 본받지 말고"라고 했습니. 신앙의 핵심은 경건입니다. 그러므로 우리의 신앙이 경건으로 이어져야 합니다. 그러려면 우리는 어려운 사람들을 항상 생각해야 합니다. 그것이 바로 실천적 신앙입니다. 자기만을 생각하는 사람은 형식적 신앙의 소유자입니다.

맺는말

신앙은 그가 경건생활을 하는가 하지 않는가에 따라 판단할 수 있습니다. 참 경건은 야고보서 1:27절에 아주 잘 요약하고 있습니다. 어려운 사람들을 돌보고, 세속에 물들지 않는 것이 바로 경건입니다.

이제 바라기는 형식적인 신앙을 버리고, 또 병든 신앙은 치유하여 참 실천적 신앙의 소유자들이 다 되시기를 축원합니다.

십자가 위의 삼중고

(마27:35-46)

인간이 당하는 많은 고난이 있으나 죽음이 가장 큰 고난입니다. 그런데 십자가에서의 죽음은 다른 어떤 죽음보다도 가장 견디기 힘든 고난입니다. 오죽 힘들었으면 주님께서 "나의 하나님 나의 하나님 어찌하여 나를 버리시나이까?" 하며 십자가 위해서 부르짖었겠습니까?

오늘은 주님께서 십자가 위에서 죽으신 그 죽음의 고통을 세 가지 면에서 살펴보려고 합니다.

1. 십자가에서의 육적 고통

재판을 받을 때에 채찍에 맞는 아픔은 대단히 큽니다. 왜냐하면 채찍에는 쇠붙이가 붙어 있어서 때릴 때 살점이 떨어져 나가는 고통이 있습니다.

다음은 창으로 허리를 찌를 때 그 아픔은 상상도 하지 못합니다. 성경에 보면 물과 피를 다 흘렸다고 했습니다. 게다가 손과 발에 못이 박혔을 때 여러분 그 쾅쾅하고 나는 소리를 상상해 보셨습니까? 그러나 성경에 보면 예수님께서 비명 한 번 지르지 않았다고 했습니다. 아플 때 소리라도 지르면 좀 낫습니다. 그러나 참는다는 것은 그 아픔을 가중시킵니다.

육적 고통 가운데 가장 큰 고통은 무엇이었을까요? 그것은 목마름의 고통입니다. 주님은 '아, 내가 목마르다'고 소리를 질렀습니다. 채찍을 맞을 때도 창에 찔리셨을 때도 소리 지르지 않았고, 손과 발에 못이 박혔을 때도 소리 지르지 않았던 주님이십니다. 그러나 목마름은 견딜 수 없는 고통이었습니다. 주님이 목말랐던 이유는 물과 피를 다 흘렸기 때문입니다(요19:34).

"그 중 한 군병이 창으로 옆구리를 찌르니 곧 피와 물이 나오더라." 중요한 것은 이 물이 나왔다는 말씀은 에스겔 47장에 예언된 말씀의 성취라는 점에서 큰 의미가 있습니다. 주님이 목마름으로 인해 우리는 이제 갈증을 해결하게 되었습니다.

사실 인간은 수많은 종류의 갈증을 가지고 있습니다. 그 모든 종류의 갈증을 주님이 해결해 주셨습니다. 할렐루야.

2. 배신 당한 고통

여러분 배신을 당해본 경험이 있습니까? 저는 많이 있습니다. 정말 그 고통은 육체적 고통보다 더 큰 괴로움이었습니다. 주님은 많은 배신을 당했습니다. 수제자라고 하는 베드로는 맹세하고도 주님을 부인했습니다. 마가복음을 기록한 요한 마가는 로마 병정들이 예수님을 잡으러 왔을 때에 벌거벗은 채 도망을 쳤습니다.

그러나 가장 큰 배신은 가롯 유다의 배신입니다. 주님은 가롯 유다의 하는 짓거리를 알고 계셨습니다. 그래서 몇 번 주님은 간접적으로 경고했습니다. 그러나 가롯 유다는 회개할 기회를 놓치고 말았습니다.

주님의 가장 큰 아픔은 가롯 유다를 끝까지 사랑으로 대해줄 때 왔을 것입니다. 원수를 사랑하라는 교훈을 몸소 행하신 주님이십니다.

3. 죄의 삯을 지불할 때의 고통

주님의 죽으심은 자신의 죄 때문이 아니라 그가 택한 모든 백성들의 죄의 삯을 다 지불해야 하기 때문에 한 사람의 죽음의 아픔을 그가 속 죄할 사람들의 숫자로 곱해야 됩니다. 우리는 그 아픔을 상상할 수도 없습니다. 그러나 주님이 그런 아픔을 견딜 수 있었던 것은 그의 사랑 때문입니다.

아기에 대한 사랑 때문에 엄마가 해산의 진통을 견딜 수 있듯이 주님 의 하늘보다 높은 사랑은 십자가 위에서의 삼중 고통을 견딜 수 있게 했습니다.

맺는말

그러므로 우리는 오늘 새벽에 주님의 십자가의 사랑을 기억하면서 감 격의 눈물을 흘려야 할 것입니다. 배신자의 한 사람인 우리들을 위해서 주님은 죽으셨기 때문입니다.

십자가에서 나온 피와 물

(요19:31-37)

본문 34절에서 "그 중 한 군병이 창으로 옆구리를 찌르니 곧 피와 물이 나오더라"고 했습니다.

1. 예수님께서 흘리신 피의 의미

(1) 생명 되는 피

구약성경에서는 피를 Dam이라고 하는데 창 9:4절에서 "생명 되는 피"라고 표현했고, 신 12:23절에서는 "피는 그 생명인 즉"이라고 했습니다.

생명이 바로 피 안에 있다는 뜻입니다. 레 17:11절에서는 아주 분명하게 말씀하고 있습니다. "육체의 생명은 피에 있음이라. 내가 이 피를 너희에게 주어 제단에 뿌려 너희의 생명을 위하여 속죄하게 하였나니 생명이 피에 있으므로 피가 죄를 속하느니라." 그래서 여호와의 증인들은 수혈을 거부합니다.

(2) 십자가의 피

신약에서는 피를 Haima라고 하는데 골 1:20절에서 "그의 십자가의 피", 즉 피를 십자가와 동일시하고 있고, 롬 5:9절에서 "그의 피로 말미암아 의롭다 하심을 받았으니"라고 했습니다.

요 6:53절에서는 "인자의 피를 마시지 아니하면 너희 속에 생명이 없느니라"고 결론을 말씀했습니다. 중요한 것은 히 9:13-14절에서 "염소와 황소의 피가…. 그 육체를 정결케 하여 거룩케 하거든 하물며 영원하신 성령으로 말미암아 흠 없는 자기를 하나님께 드린 그리스도의 피가 어찌 너희 양심으로 죽은 행실을 깨끗하게 하고 살아 계신 하나님을 섬기게 하지 못하겠느냐"고 했습니다.

2. 예수님의 십자가에서 흘리신 물의 의미

다음에는 예수님의 옆구리에서 흘리신 물의 의미를 살펴보려고 합니다.

(1) 물은 복음을 의미

성경에서 물이란 복음을 의미합니다(사55:1)

계 21:6절을 보면 "생명수 샘물을 목마른 자에게 주리라"고 했습니다. 물이 생명을 주듯이 복음, 즉 말씀의 물이 우리들에게 영적 생명수가 된다는 뜻입니다. 그러므로 우리는 물질적 물이 없어도 살 수 없지만 영적 물인 복음 없이도 살 수 없습니다.

(2) 예수님 자신이 바로 물

좀더 정확하게 말하면 예수님 자신이 바로 물입니다.

요 4;14절에서 주님은 사마리아 여인에게 말했습니다. "내가 주는 물을 마시는 자는 영원히 목마르지 아니하리니 내가 주는 물은 그 속에서 영생하도록 솟아나는 샘물이 되리라"

주후 200년의 신학자인 터툴리안은 우리 신앙생활을 물고기와 같다고 했습니다. 물고기는 언제나 물속에 있어야 살 수 있습니다. 마찬가지로 우리도 물 되신 그리스도 안에 있어야 살 수 있고, 활동도 할 수 있다는 말씀입니다. 그래서 기독교의 상징으로 물고기를 사용하였던 것입니다. 그것을 우리는 '익투스'라고 부릅니다. 예수(Iesous)는 그리스도

(Christos)시오, 하나님의 아들(Theou Huios)이며 구세주(Soter)란 말의 첫 글자입니다. 그것은 헬라어로 물고기란 뜻입니다.

(3) 성령을 물로 표현

겔 47:1-12절은 아주 중요한 예언입니다. 성전의 문지방에서부터 물이 나와서 처음에는 발목을 적시고, 다음에는 무릎을 적시고, 다음에는 허리에 오르고, 마침내 건너지 못할 강이 된다는 것입니다.

그뿐 아니라 이 물이 흘러가는 곳마다 6가지의 축복과 기적이 일어난다고 했습니다. 이 예언이 바로 요 19:34절에서 성취된 것입니다. 다시 말하면 예수님의 옆구리에서 흘러내리는 물에서 성취되었다는 말씀입니다.

그러면 예수님의 옆구리에서 흘러내리는 물의 축복은 무엇입니까?

첫째 강의 좌우에 나무가 심히 많게 됩니다.

둘째 바다의 물이 소성함을 얻게 된다는 것입니다.

셋째 모든 생물이 살게 된다고 했습니다.

넷째 고기가 심히 많게 되겠다고 했습니다

다섯째 열매가 끊이지 않게 된다고 했습니다.

여섯째 잎사귀는 약 재료가 되어 먹는 자마다 질병에서 낳아, 건강해진다고 했습니다.

(4) 성경으로 말미암아 중생을 물로 표현

요 3:5절에서 "사람이 물과 성령으로 나지 아니하면 하나님 나라에 들어갈 수 없느니라"고 했습니다.

(5) 성령의 세례를 물로 표현

겔 36:25-27절에서 "맑은 물로 너희에게 뿌려서 너희로 정결케 하되"라고 했고, 또 26절에서는 "또 새 영을 너희 속에 두고 새 마음을 너희에게 주되"라고 했습니다.

아굴의 잠언

(잠30:21-33)

아굴에 대해서는 성경에 다른 곳에 나오지 않기 때문에 그에 대해 자세히 알 수는 없습니다. 다만 그의 아버지 이름이 야개라는 것을 알 수 있을 뿐입니다. 여기서 우리는 자녀를 잘 두면 부모의 이름이 세상에 남지만, 자녀들을 잘못 가르치면 사람들의 욕을 두고두고 먹는 것을 볼 수 있습니다. 그러면 아굴의 잠언의 내용은 어떤가요?

1. 세상을 놀라게 하는 것

세상을 진동시키며(뒤흔들만한 것) 세상으로 견딜 수 없게 하는(감당하지 못할) 것(21-23)이 있다고 했습니다.

(1) 합법적인 절차를 밟지 않고 종이 임금이 되는 것(22절상).

(2) 어리석은 자가 배불리 먹는 것(22절하)

(3) 꺼림(미움)을 받는 여자가 시집을 가는 것

(4) 여종이 안주인의 자리를 이어받는 것이라고 했습니다.

여기서 아굴이 교훈하는 것은 첫째로 합법적으로 왕이 되어야 한다, 지혜로워야 먹을 것이 넉넉해진다. 남에게 사랑받는 사람이 되어라. 또 쓸데없는 야망을 버리라.

2. 하나님의 능력으로 잘 사는 것

세상에서는 매우 작지만 하나님의 능력으로 잘사는 것이 있다고 했습니다.

(1) 개미

첫째는 개미입니다. 왜 그렇습니까? 여름에 남들은 덥다고 다 놀고 쉬는데 부지런히 일하여 '예비하기 때문'입니다.

(2) 사반

둘째는 사반(오소리)입니다. 바위틈에 자기 집을 지어 '위험을 피하기 때문'입니다.

(3) 메뚜기

셋째는 메뚜기입니다. 메뚜기의 특징은 임금이 없지만 떼지어 다니는 '단결력 때문'에 강한 힘을 가집니다.

(4) 도마뱀

넷째는 담대하여 왕궁을 드나드는 '겁 없는 도마뱀'입니다. 이런 것들이 자기를 보호하며 잘삽니다. 그렇다면 우리는 어떻게 해야 합니까? 이런 작은 곤충과 동물에게서 배워야 합니다. 미리 준비하는 것이나, 위험을 피하는 것이나, 단결하여 사는 것이나, 담대하여 겁 없이 사는 것을 배워야 합니다.

3. 위풍 있는 네 가지 일(29-31).

이들의 특징은 신중하다는 점입니다.

(1) 사자

첫째는 강한 사자입니다.

(2) 사냥개

둘째는 잘 달리는 사냥개입니다.

(3) 수 염소

셋째는 예쁜 걸음걸이로 걷는 수 염소입니다.

(4) 왕

넷째는 근엄한 왕입니다.

4. 32절과 33절에서 주는 교훈

첫째로 스스로 높은 체 말고, 악한 일을 도모하지 말라.

둘째는 노를 격동케 하지 말라는 것입니다.

맺는말

그러면 우리는 어떻게 합니까? 무엇보다도 자기의 무지를 깨닫고 이런 곤충과 동물들에게서까지도 배워야 합니다. 먼저 자기의 분수를 알아야 합니다. 다음은 악한 생각을 버리고, 범사에 신중해야 합니다. 이것이 아굴의 잠언 내용입니다.

아나니아와 삽비라

(행5:1-11)

1. 왜 아나니아의 가정에 하나님의 심판이 왔는가?

본문에 보면 아나니아와 삽비라는 바나바가 그의 재산을 바친 결과로 교회 안에서 좋은 평판을 받은 것을 보고 자기도 그런 사람이 되기를 원했습니다. 얼마나 아름답습니까? 그러나 인간은 누구나 하나님으로부터 같은 은혜를 받을 수는 없습니다. 마치 은사가 각각 다르듯이 하나님의 은혜도 각각 다르기 때문입니다

(1) 바른 경제관을 가지지 못했기 때문

하나님 앞에서 바른 경제관을 가지지 못했기 때문입니다.

초대교회의 이단 중에는 경건을 강조하는 영지주의가 있었습니다. 돈이나 물질을 경시하는 사상을 말합니다. 그러나 하나님께서는 물질적인 것도 창조하시고, 창조하신 후에 보시고 좋았더라고 하셨습니다. 그러므로 물질을 나쁘게 보는 것을 조심해야 합니다.

아나니아와 삽비라는 하나님의 선물인 명예를 돈으로 살 수 있다고 착각한 것이 문제입니다. 돈은 우리의 목적을 이루는데 좋은 수단이지만 잘 못된 목적과 방법으로 활용하면 안 됩니다.

(2) 주신 은혜와 축복에 만족하지 못함

하나님께서 주신 은혜와 축복으로 만족하지 못하고 더 큰 것을 탐하

였습니다.

주신 것으로 만족하지 못하는 것은 욕심의 함정입니다. 빌 4:11절에 "내가 자족하기를 배웠노니"라고 고백한 것을 배워야 합니다. 주신 것으로 만족하지 못하면 욕심은 끝없이 자라서 결국 우리 자신을 삼키고 맙니다.

(3) 그릇된 처지는 생각하지 않음

자신의 그릇된 처지는 생각하지 않고 더 높이 더 많이 라는 철학을 가지고 살았기 때문입니다.

(4) 내 뜻을 앞 세웠기 때문

하나님의 뜻보다는 내 뜻을 앞 세웠기 때문입니다.

많은 사람들은 인간이 정한 선과 악이란 개념과 표준 속에서 하나님의 뜻을 저울질하고 판단합니다. 그러므로 이러한 개념과 사상을 주의해야 합니다. 참된 선과 악의 기준은 인간이 정하는 것이 아니고, 하나님이 정하시는 것입니다. 하나님의 뜻이 선이고, 하나님의 하시는 일이 선입니다.

(5) 우연히 실수한 것이 아님

아나니아와 삽비라는 우연히 실수를 한 것이 아닙니다.

계획적으로 죄를 저질렀기 때문입니다. "더불어", "함께 꾀하여"라는 데서 정당하지 못한 방법으로 명예를 얻으려 한 것을 알 수 있습니다. 사실이 아닌 것을 사실인 것처럼 꾸몄으며 그것도 함께 꾀하였던 것입니다.

(6) 재물과 천국의 영광을 욕심냄

세상에서 재물의 축복과 천국에서의 영광의 모든 축복을 다 얻으려는 욕심 때문에 하나님의 심판의 채찍을 맞게 되었습니다.

모든 것을 얻으려는 것은 욕심입니다. 모든 것은 하나님만이 가질 수 있습니다. 우리들은 항상 일부만을 가질 뿐입니다.

2. 불행을 미연에 방지하는 방법

(1) 하나님이 주신 것으로 만족하는 법을 배워야

빌 4:11절에 "내가 자족하기를 배웠다"고 하였습니다.

(2) 성령을 속임

목적만 선하면 방법은 어떻든 상관이 없다는 오류를 범하지 말아야 합니다.

아나니아와 삽비라는 속임수를 사용했습니다. 결국 이것은 성령을 속이는 것이 되었고 인생을 망치는 일이 되었습니다.

(3) 하나님의 뜻을 묻는 기도를 해야

무엇을 결정하기 전에는 항상 하나님의 뜻을 묻는 기도를 먼저 해야 합니다.

거의 모든 실수에는 기도보다 앞서갔기 때문입니다. 그리고 기도를 하지 않는다는 것은 하나님의 뜻을 묻지 않는 것과 같습니다. 그러면 내 뜻대로 하게 되기에 실수를 하는 것입니다. 아나니아와 삽비라는 함께 꾀하여 주의 영을 시험하였던 것입니다(9절).

(4) 회개의 기회를 놓침

아나니아와 삽비라는 하나님이 주신 회개의 기회를 놓쳤습니다.

8절에 "그 땅 판 값이 이것뿐이냐?"하고 물었을 때가 아나니아와 삽비라에게는 회개할 수 있는 마지막 기회였는데 이 기회를 살리지 못하였습니다.

아내와 함께 즐겁게 살라

(전9:7-10)

성경에는 아내에 대한 많은 교훈이 있습니다. 그것은 아내는 하나님께서 직접 창조하였을 뿐만 아니라 인생의 행복이 아내에 의해 결정되기 때문입니다. 세상에도 아내의 선택의 중요성을 여러 가지로 말하고 있습니다.

셰익스피어는 "교수형과 아내의 선택은 운명의 표준이 된다"는 말을 했습니다. 단 한 번의 아내의 선택이 운명을 결정하는 아주 중요한 것이라는 뜻입니다. 전쟁을 보면 단 한 번의 실수가 영원한 파멸을 초래할 수 있듯이 아내의 선택도 같습니다. 이혼하면 되지 하는 현대의 많은 사람들의 말은 전쟁에서 또 이기면 되지 하는 말과 같이 어리석은 것입니다. 그래서 잠 12:4절에 "어진 여인은 그 지아비의 면류관이나 욕을 끼치는 여인은 그 지아비로 뼈가 썩음 같게 하느니라"고 했습니다. 그런데 요즈음 남자들은 예쁜 여자를 우선적으로 택하는데 그것은 참 어리석은 일입니다. 격언에 '고운 아내와 뒷문은 종종 부자를 가난뱅이로 만든다'고 했고, 유대인들의 격언에도 '악처는 백년의 흉작이라'고 했습니다. 명심보감에도 '어진 아내는 남편을 귀하게 만들고, 악한 아내는 남편을 천하게 만든다'고 했습니다.

1. 아내와 함께 살라는 말

(1) 아내와 함께 하는 것

남편이 무능해도 아내는 남편이 함께하는 것을 좋아하고 기뻐합니다. 그래서 벧전 3:7절에 "너희 아내와 동거하고"라고 했습니다.

(2) 아내의 수고를 이해해주는 것

여자들이 하는 일은 눈에 별로 보이지 않습니다. 아이들을 키우고, 집안 청소를 하고, 식사준비를 하는 것만으로도 벅찬 일입니다. 벧전 3:7절에 "더 연약한 그릇이요 또 생명의 은혜를 유업으로 함께 받을 자로 알아"라고 했습니다.

(3) 아내를 격려해 주고 감사하는 마음

격려라는 것은 어려운 것이 아닙니다. "여보, 수고 했어"라는 말 한마디면 되는 것입니다. 벧전 3:7절에 "귀히 여기라"고 했는데 바로 그것이 격려가 되는 것입니다.

(4) 아내와 대화의 시간을 갖는 것

아내는 남편이 오솔길을 함께 걷는 것만으로도 행복을 느낍니다. 연애시절의 반만 해주어도 감지덕지합니다.

허무하고, 빨리 지나가는 인생 속에서 아내와 함께 즐겁게 살 수 있어야 합니다.

(5) 남편이 자기 일을 아내와 의논해주는 것

사실 여자들은 남편의 직장이나 남자들의 세계에 대해 무지한 경우가 많습니다. 그래도 얘기를 하는 게 좋습니다. 아내는 남편이 자기를 믿고, 의논해 주는 것만으로도 기뻐하고 행복을 느끼기 때문입니다.

아라비아에 관한 경고

(사21:13-17)

1. 바벨론과 유다 사이의 광야 아라비아

본문의 말씀은 이들에게 주신 경고의 말씀입니다. 이들은 여로보암 당시(주전 845)에는 예루살렘을 침략하기도 했습니다. 그러나 웃시아 왕 때에 패퇴시켰습니다.

(1) 아라비아와 블레셋의 동맹

아라비아인들은 블레셋과 동맹을 맺고 주변의 여러 나라들을 자주 약탈하였습니다.

그러나 그들도 바벨론에 의해 침략당할 것이란 예언입니다.

이 말씀은 하나님께서는 유다뿐 아니라 세상의 모든 나라에 대해서도 관심을 가지신다는 뜻이며, 주권을 가지시고 주관하신다는 것입니다.

(2) 아라비아의 도시들

여기에 나오는 도시들은 다 아라비아에 있는 도시들입니다.

그들은 국경지대에 있는 도시들로서 대상들이 다니는 길 주변에 위치하고 있습니다.

그러면 14절에 나오는 "도피하는 자들"은 누구인가 하면 이들은 도시가 파괴될 때 그곳에서 도망친 바벨론 사람으로 보입니다.

(3) 바벨론 왕들이 본거지로 삼았던 게달

16-17절에는 바벨론 왕들이 본거지로 삼았던 게달(아라비아 북서쪽에 위치)도 그 재난을 피할 수 없음을 분명히 하고 있습니다.

16절에 보면 "일 년 내에 게달의 영광이 다 쇠멸하리니"라고 했습니다. 아라비아인들은 그들이 바벨론과 맺은 동맹관계를 믿었으나 이런 동맹은 마치 러시아와 독일의 동맹관계처럼 부질없는 것입니다. 당시 독일은 두 개의 전쟁을 할 수 없기 때문에 러시아와 불가침조약을 맺었던 것입니다.

그러나 이러한 거짓 동맹은 2차 세계 대전에서 볼 수 있듯이 결국 깨지고 말았습니다. 지금도 그것은 마찬 가지입니다.

2. 21장이 준 교훈

(1) 어리석음과 인간의 약속

인간의 권력을 의지하는 어리석음과 인간의 약속의 변덕스러움을 보여줍니다. 그러므로 우리는 지금 우리가 무엇을 의지하는가를 살펴보아야 합니다.

우리의 문제점은 우리는 항상 자신의 이익만을 추구한다는 점입니다.

그러나 그 결과는 뻔한 것입니다. 그대로 되지 않습니다. 또 우리는 다른 사람의 약속을 믿습니다. 그러나 그들의 약속은 우리의 약속만큼이나 이기적인 것을 기억해야 합니다. 더욱이 중요한 것은 인간의 한계를 알아야 합니다. 따라서 인간의 약속은 공수표나 마찬가지입니다.

(2) 하나님의 주권에 달려 있음

모든 것은 하나님의 주권에 달려 있다는 것을 깨달아야 합니다.

그러므로 17절의 말씀처럼 이스라엘의 하나님의 말씀을 전적으로 믿고 따라야 합니다. 왜냐하면 하나님만이 참으로 신실하기 때문입니다.

하나님께서는 개인뿐만이 아니라 국가와 민족의 흥망성쇠에 대한 주권
도 가지신다는 것을 알아야 합니다. 그러므로 동맹을 맺는 등 세상을
의지하는 것이 나라를 지키거나 개인을 지켜 주는 보장이 못 된다는 것
을 깨달아야 합니다. 도움은 오직 하나님께로부터 오는 것이기 때문입
니다.

아멘의 신앙

(고후1:15-24)

오늘의 요절은 20절입니다. 함께 읽어보겠습니다. "하나님의 약속은 얼마든지 그리스도 안에서 예가 되니 그런즉 그로 말미암아 우리가 아멘 하여 하나님께 영광을 돌리게 되느니라."

1. 예와 아니오

'예'와 '아니오'를 바로 하는 사람이 큰일을 하고, 하나님께 영광을 돌립니다.

(1) 바울의 생활

바울은 그의 육체대로 경영하지 않고 항상 예의 생활을 했습니다. 17절에, "예예, 하고 아니, 아니라 하는 일이 내게 있었겠느냐." 왜 바울은 항상 예의 생활을 했을까요? 그 이유가 18절에 나옵니다.

"하나님은 미쁘시니라(신실하시니라)."

(2) 그리스도 안에는 '예'만 있을 뿐

20절, 새 번역을 인용하겠습니다. "그리스도 안에는 '예'만 있을 뿐입니다. 하나님의 모든 약속은 그리스도 안에서 '예'가 됩니다. 그러므로 그리스도로 말미암아 우리는 '아멘' 하면서 하나님께 영광을 돌리는 것입니다". 그래서 우리는 항상 아멘 하면서 살아야 합니다. 아멘의 뜻이 무엇입니까? 진실로 그렇게 되어 지입니다. 다시 말하면 하나님께 대한 절대적 믿음을 가진 사람만이 아멘의 생활을 할 수 있습니다.

2. '예'와 '아니오'의 지혜

마 5:37절에 보면 예수님께서 산상설교 중에 하신 말씀이 나옵니다. "오직 너희 말은 옳다 옳다, 아니라 아니라 하라. 이에서 지나는 것은 악으로부터 나느니라." 옳은 것은 예, 그른 것은 아니오 하고 말하라는 것입니다. 그러나 그것이 참으로 어렵습니다.

오늘의 본문 가운데 17절과 20절의 말씀을 보면 매절마다 '예'와 '아니오'에 대해서 말씀하고 있습니다. 세상에서 가장 간단한 말이지만 가장 답하기가 쉽지 않은 것이 '예'와 '아니오'란 말입니다.

(1) 왜 어려운가?

첫째, 그것으로 인해 자신에게 '손해'가 돌아오기 때문입니다.

둘째, 우리의 아는 것이 '분명치 않기' 때문입니다.

셋째, 상대방과의 '관계가 잘못될 수 있기 때문'입니다.

넷째, '용기'가 없이는 대답할 수 없기 때문입니다.

(2) '예'와 '아니오'를 분명하게 말하라

성경은 침묵이나 중도에 대해서 긍정적으로 말씀하고 있지 않습니다. 왜냐하면 주님은 마 5:37절에서 '예'와 '아니요'를 분명하게 말하도록 가르치고 있기 때문입니다.

그러나 동양의 철학에서는 '침묵은 금이다'라고 말합니다. 일본의 속담에는 '입은 화의 문이다'라고 하면서 침묵을 강조했습니다. 로마의 격언에도 '침묵을 지키면 사람들은 당신을 철학자로 여길 것이라'라고 했습니다. 그러면 침묵이 무엇입니까?

침묵은 무지한 자의 장식이요 안전한 보호책입니다. 침묵은 비방과 중상에 대한 대답일 때만 큰 이득이 됩니다. 그러나 많은 경우 침묵은 승낙을 의미합니다.

3. 아멘의 생활

(1) 간절한 염원을 표현

주기도에서 '아멘'하는 것은 간절한 염원을 표현한 것입니다. 그래서 다른 사람들이 기도할 때에도 우리는 아멘하고 응답합니다. 그러므로 아멘은 신앙인의 언어입니다.

(2) 하나님의 절대권을 믿음

아멘은 '하나님의 절대권'을 믿는 사람들의 유일한 대답입니다.

(3) 아멘은 신앙생활의 핵심

아멘은 신앙생활의 핵심입니다. 그러므로 날마다 아멘하면서 살 수 있기를 축원합니다.

안전하게 사는 비결은?

(잠29:19-27)

우리는 다 안전하게 살기를 원합니다. 그래서 은행에 돈도 저축하고, 보험도 들어서 만약의 경우를 위해서 준비합니다. 이 시간에는 25절의 말씀을 중심으로 함께 은혜를 나누려고 합니다. "여호와를 의지하는 자는 안전하리라."

오늘의 본문에 보면 안전하게 사는 비결을 6가지로 말씀하고 있는데 5가지는 '하지 말라'의 형태이고, 하나는 '하라'의 형태로 되어 있습니다. 그러면 어떻게 하여야 안전하게 살 수 있습니까?

1. 말을 조급하게 하지 말아야(20절)

말은 일단 뱉어놓으면 다시 담을 수 없습니다. 마치 땅에 물을 쏟은 후에 다시 담을 수 없는 것과 같기 때문입니다. 우리는 실언 즉 말을 조급하게 하여 내뱉은 말 때문에 얼마나 고통을 당하고 손해를 봅니까? 그래서 옛 어른 들은 삼사일언(三思一)이라고 했습니다.

2. 화를 잘 내지 말아야(22절).

말을 조급하게 하는 사람의 특징은 화를 잘 냅니다. 화를 내면 판단력이 흐려지고, 죄를 짓기 쉽습니다. 그래서 성경에서는 해가 지도록 분을 품지 말라고 했습니다.

3. 교만하지 말아야(23절).

교만한 사람은 적이 많습니다. 항상 위험이 따르는 것입니다. 또 하나님의 주시는 모든 축복을 담지 못합니다.

4. 나쁜 사람과 짝하지 말아야

시편 1편 1절에 복 있는 사람에 대해서 말씀했습니다. "복 있는 사람은 악인의 꾀를 좇지 아니하며 죄의 길에 서지 아니하며 오만한 자의 자리에 앉지 아니하고"

5. 사람을 두려워하지 말아야(25절)

사람을 두려워하면 세상의 모든 것이 다 두렵습니다. 그러므로 우리는 오직 하나님만을 두려워해야 합니다. 그러면 다른 것은 두렵지 않습니다.

6. 사람의 일을 작정하시는 여호와와 동행 하여야(26절).

그러나 세상 사람들은 돈 있고, 지식 있고, 권력이 있는 사람들에게 잘 보이려고 합니다. 그러나 세상의 모든 일을 작정하는 것은 오직 여호와십니다. 그러므로 그런 하나님과 동행하기를 축원합니다.

맺는말

우리는 안전하게 살기 위해서 보험도 들고, 은행에 돈도 저축하고 공부도 합니다. 그러나 그것만으로 되는 것은 아닙니다. 오늘의 본문을 보면 일상생활에서 안전하게 사는 비결을 6가지로 말씀하고 있습니다. 우리들에게 그런 삶이 있기를 축원합니다.

안전함의 비결은

(잠18:9-17)

인간은 안전함을 추구합니다. 안전함은 본능적인 추구입니다. 그래서 많은 종류의 보험제도가 생겼습니다. 다 안전함을 요구하기 때문입니다. 그러나 문제는 세상에는 안전한 곳이 없다는데 있습니다. 우리는 작게는 자신의 안전함, 가정의 안전함, 교회의 안전함, 직장의 안전함을 원하지만 어느 하나도 안전한 곳이 없습니다.

1. 안전치 못한 이유

근본적으로는 이 세상은 안전치 못한 곳이기 때문입니다. 안전치 못한 곳에서 아무리 몸부림쳐도 그것으로는 되지 않습니다. 게다가 본문에 보면 세 가지 이유를 말씀하고 있습니다.

（1） 자기의 일을 게을리 하는 자는 패가

9절에 보면 "자기의 일을 게을리 하는 자는 패가하는 자의 형제니라." 즉 게으름 때문에 안전치 못한다고 했습니다. 직장에서는 실직을 당할 것이고, 가정에서는 존경을 잃게 될 것이고, 사회에서는 신용을 잃게 될 것입니다.

（2） 교만은 멸망의 선봉

12절에 보면 "교만은 멸망의 선봉이요"라고 했습니다. 자기의 연약함을 알지 못하고 교만하면 결국 멸망하게 된다는 것입니다. 교만은 안전치 못함을 가져온다는 것입니다.

(3) 너무 빨리 말하는 자는 안전치 못함

13절에 너무 빨리 말하는 자는 안전치 못하다고 했습니다. "사연을 듣기 전에 대답하는 자는 미련하여 욕을 당하느니라." 인간관계에서 말하는 것도 중요하지만 듣지 않는 것은 사실을 바로 파악하지 못하게 하는 근본이유가 되기 때문에 들으라는 것입니다.

2. 안전의 비결

조금 전에는 안전치 못하게 하는 이유들을 살펴보았는데 이번에는 긍정적인 면에서 살펴보도록 하겠습니다.

(1) 여호와를 의지하는 자는 안전함

10절에 그 해답이 있습니다. "여호와의 이름은 견고한 망대라. 의인은 그리로 달려가서 안전함을 얻느니라." 즉 여호와를 의지하는 자가 안전하다고 했습니다. 믿습니까? 벧전 1:5절 하반절에 보면 "하나님의 능력으로 보호하심을 입었나니"라고 했습니다. 다시 말해서 오직 하나님만이 안전의 비결이 됩니다.

(2) 부자의 재물은 견고한 성

11절에 "부자의 재물은 그의 견고한 성이라. 그가 높은 성벽같이 여기느니라"고 했습니다. 재물이 영원한 안전을 주지는 못하지만 그러나 이 세상에서는 편리함을 주고, 외적인 안전을 가져다줍니다. 또 중요한 것은 선한 일을 하는 밑거름이 됩니다.

(3) 겸손하면 안전함

12절에 "겸손은 존귀의 앞잡이니라 고 했습니다. 겸손하면 안전하다는 것입니다. 누가 겸손합니까? 자신의 부족을 아는 사람입니다. 그러므로 우리는 이 세상에는 참 안전함이 없다는 것을 깨닫고, 하나님만을 의지할 뿐 아니라 항상 겸손할 수 있기를 축원합니다.

앗수르에게 망할 구스와 애굽

(사20:1-6)

당시의 상황은 애굽과 구스가 앗수르의 위협을 받고 있었던 때였습니다. 그래서 애굽과 구스는 동맹국을 구하여 이 문제를 정치적으로 해결하려고 하였습니다. 당시 유다도 애굽과 동맹 관계를 가졌고, 하나님보다 애굽을 더 의지하였습니다. 이런 때에 하나님께서는 이사야를 보내어 애굽을 의지하는 것은 헛됨을 예언하였고, 오직 하나님만을 의지할 것을 예언하였습니다. 그래서 19:19절에 "하나님께서 애굽을 치실 것이라고, 치시고는 고치실 것인 고로 그들이 여호와께 돌아올 것이라"고 했습니다.

본 예언에는 이사야의 예언의 두 가지 특징이 나옵니다.

(1) 가까운 미래에 심판과 먼 미래에 있을 희망의 약속

가까운 미래에 도래할 심판과 먼 미래에 있게 될 희망적인 약속이 있습니다.

(2) 은유를 통해 예언의 깊은 뜻을 보여줌

20장의 예언은 19장의 예언이 있은 지 얼마 안 되어 한 것입니다. 19:4절에 이미 애굽에 대한 멸망의 예언을 하였습니다. 그것을 여기서는 좀 더 확대하고 있을 뿐입니다. 이 예언은 주전 711년 앗수르의 다르곤을 보내어 아스돗을 치게 했습니다(1절). 그러나 여기서 중요한 것

은 이 메시지는 유다를 경고하기 위해서 주신 말씀이란 점입니다.

1. 벌거벗은 예언자의 징조(2절).

"네 허리에 베를 끄르고 네 발에서 신을 벗을지니라"(2절). 이 상징적 행동은 부끄럽고, 비논리적 행동입니다. 하나님께서는 우리가 이해할 수 없는 일을 하라고 하셨습니다.

이사야가 삼년간 완전히 벗은 몸으로 있었는지에 대하여는 확실치 않습니다. 여기서 '벗다'란 원문의 뜻은 '완전한 노출' 혹은 '단지 엉덩이가 드러나는 옷을 입었을 때의 부분적인 노출을 의미'할 때 사용됩니다 (20:4). 따라서 완전히 벗은 몸으로 3년을 지내게 했으리라고는 보기 어렵습니다. 20:4절에 "벗은 발로 볼기까지 드러내어"라고 한 구절을 보아 알 수 있습니다.

여기서 우리는 상징과 실제의 관계를 살펴볼 필요가 있습니다. 아무튼 이사야가 보여주는 것은 앗수르에게 애굽이 포로로 잡혀갈 때 벗은 몸과 맨발로 끌려가게 될 것이란 것을 시각적으로 깨닫게 하기 위한데 있습니다. 다시 말해서 이사야의 상징적 행동(예표)은 일깨우는 강력한 힘을 갖습니다. 따라서 이사야는 의사소통을 위한 방법으로 이것을 사용한 것입니다.

2. 실패로 돌아갈 헛된 소망을 버리라

본문이 주는 중요한 교훈은 실패로 돌아갈 거짓된 소망을 버리라는 것입니다.

(1) 유다의 헛된 소망

당시 유다가 이런 거짓된 소망을 가지고 있었던 것입니다.

5절의 '바라던'이란 말이나 6절의 '믿던'이란 말은 당시의 이 단락 전체의 이슈가 유다의 그릇된 믿음을 깨닫게 한데 있음을 보여줍니다. 그러므로 열방을 의지하는 것은 어리석은 일입니다. 오직 하나님만이 우리의 참 신앙의 대상이 되는 것입니다.

(2) 3가지주제

20장의 주제는 다음과 같은 3가지입니다.

첫째 세상 열방의 무능함

둘째 온 세상을 향한 하나님의 구원계획

셋째 실패로 돌아갈 거짓된 소망을 말해줍니다.

하나님 외에는 그 어떤 소망도 참되지 못한 것을 이사야 선지자는 강조한 것입니다.

약속하신 축복

(민6:20-26)

오늘은 하나님께서 아론과 그의 후손들을 통해서 축복하시겠다고 약
속하신 것을 살펴보면서 우리도 함께 축복을 받기를 축원합니다.

약속이란 어음과 같아서 믿을 수 있는 것도 있고 믿을 수 없는 것도
있습니다. 그런데 우리는 사회적 동물이기 때문에 사람들이 모여살고
따라서 서로 이런 저런 약속을 하면서 삽니다. 그러나 불행하게도 세상
에는 지키지 않는 수많은 약속들이 있습니다.

1. 지키지 않는 약속의 특징

(1) 정치인들 선거 공약

마치 정치인들의 선거 때의 공약처럼 장황합니다.

(2) 겉과 속이 다름

빵 껍데기같이 겉과 속이 다릅니다.

(3) 쉽게 하는 약속

아주 쉽게 약속합니다.

(4) 변덕스런 날씨 같은 약속

백두산의 날씨처럼 변화가 많습니다.

2. 하나님의 불변한 약속

그러나 하나님의 약속은 절대로 지키지 않는 경우가 없습니다. 레위기 26:44절에 보면 "그들과 맺은 언약을 폐하지 아니하리니"라고 분명히 말씀했습니다. 여기서 언약이란 말은 약속이란 뜻입니다. 문서로 세운 약속은 계약이라고 말하고 말로 세운 약속은 언약이라고 부릅니다. 그러므로 하나님의 약속은 절대적으로 믿어야 합니다.

그러나 사람의 약속은 지나치게 믿지 마시기를 바랍니다.

(1) 인간의 약속을 믿을 수 없는 이유

첫째로 인간은 약하기 때문에(양으로 표현) 자기의 약속을 이룰 능력이 없습니다.

둘째로 인간은 악하기 때문에(범죄한 인간) 약속을 해도 자기에게 불리하면 어기는 것입니다.

셋째로 인간은 건망증이 심해서 잘 잊어버리기 때문입니다.

3. 하나님이 주신 약속

본문에 보면 크게 5가지를 약속했습니다.

(1) 축복해 주심

"여호와는 네게 복을 주시고"(축복을 주신다).

인간에게 가장 중요한 것은 하나님의 축복입니다. 성경은 말합니다. "여호와께서 집을 세우지 아니하시면 세우는 자의 수고가 헛되며, 여호와께서 성을 지키지 아니하시면 파수군의 경성함이 허사로다"(시127:1) 수고하고, 잘 관리한다고 다 성공하는 것은 아니란 말입니다.

(2) 보호하고 건강케 하심

"너를 지키시기를 원하며"(보호하고, 건강케 한다). 하나님이 지켜주지 않으면 파수꾼의 경성함도 허사이기 때문입니다.

(3) 행복과 기쁨을 시적으로 표현함

"여호와는 그 얼굴로 네게 비춰사"(행복과 기쁨을 시적으로 표현한 것). 하나님께서 그 얼굴을 우리에게로 향해야 축복을 받고 성공합니다. 본문의 말씀은 하나님의 인정을 뜻하는 말입니다.

(4) 은혜를 주심

"은혜를 베푸시기를 원하며"(은혜를 주신다). 내가 한 대로만 받으면 성공할 사람 없습니다. 따라서 하나님의 은혜를 받아야 합니다.

(5) 평강과 마음의 평안을 주심

"여호와는 그 얼굴을 네게로 향하여 주사 평강주시기를 원하노라"(평강이란 마음의 평안과 사회적 평화를 의미합니다).

4. 하나님의 약속의 축복을 받으려면?

그 비결은 아주 간단합니다.

첫째, 믿고,

둘째, 기도하고,

셋째, 참고 기다리면 됩니다.

그러므로 이제 믿음 가운데서 하나님의 약속을 믿고 날마다 살아가기를 축원합니다.

어머니가 아들에게 주는 교훈

(잠31:1-9)

아들인 르무엘 왕에게 간절한 마음을 가지고 있었던 어머니가 아들에게 주는 교훈을 알아보겠습니다.

1. 네 힘을 여자들에게 쓰지 말라

여자로 인해서 나라가 망할 수도 있으니 "네 힘을 여자들에게 쓰지 말라"고 했습니다. 히브리 격언에 '악처는 백년의 흉작이라'고 했습니다.

본문에서 여자들이란 복수형을 쓴 것에 주목해야 합니다. 아내에게 힘을 쓰지 말라는 것은 아닙니다. 왕이기 때문에 첩들과 궁녀들이 많기 때문에 '여자들'이란 말을 했습니다. 사실 이 말은 솔로몬 자신에게 해당하는 말이었습니다. 물론 솔로몬이 많은 여자들을 취한 것은 정치적인 이유였습니다. 주변의 나라들과 피로 관계를 가짐으로써 나라를 외교적으로 튼튼히 하기 위해 그렇게 했던 것입니다. 이유야 어쨌든 솔로몬은 여자 문제로 인해서 결국 실패했습니다. 이것은 일반 교인들에게도 해당되는 말씀입니다. 남녀문제로 망한 사람이 많습니다. 그러므로 이 말씀에 주목해야 합니다.

2. 술을 조심하라

"포도주를 마시는 것이 왕에게 마땅치 아니하고"(4절)라고 했습니다. 왜 그런가요? 술을 마시다가 법을 어기고 또 공의를 굽게 할 수 있기 때문이라고 했습니다. 그러면 술을 전혀 마시지 말라는 말인가? 아닙니다. 두 가지 경우에 먹게 하라는 것입니다. 죽게 된 자와 마음에 근심으로 인해서 견디지 못하는 자에게는 "줄지어다"라고 했습니다. 왜냐하면 술은 잊어버리는 작용을 하기 때문입니다.

프랑스의 격언에 보면 '여자와 돈과 술에는 즐거움과 독이 다 들어있다'고 했습니다. 그러므로 자신을 제어하는 것이 중요합니다. 쾌락을 추구하면 어쩔 수 없이 빠지게 되어 있습니다. 제가 인생을 살아보니 인간에게는 세 가지 큰 유혹이 있는 것을 깨달았습니다.

첫째는 색(여자. 즉 이성)이고,

둘째는 술이고,

셋째는 재물입니다.

그러므로 우리는 술을 조심해야 합니다.

3. 벙어리와 고독한 자를 돌보라

벙어리와 고독한 자(고통 속에 있는 자. 과부와 고아와 힘없는 자들)을 위해서 입을 열라. 그들을 돌보아 주라고 했습니다. 공의로운 재판을 하라, 신원하라고 했습니다. 다른 말로 말하면 '좋은 자리에 있을 때 도와주어야 합니다.' 그 좋은 자리는 항상 나를 위해서 있는 것이 아닙니다. 왕의 자리도 마찬가지입니다. 사장의 자리도 마찬가지입니다. 감투도 항상 내 것이 아닙니다. 그러므로 어머니가 아들에게 준 이 세 가지의 교훈은 오늘을 살아가는 우리들에게도 해당되는 중요한 말씀입니다.

에디오피아의 멸망과 회개

(사18:1-7)

1. 구스에게 보내는 사자들(1-3)

다른 민족들과는 달리 구스의 심판에 대한 말씀은 나오지 않습니다. 오히려 구스를 도와주시겠다는 약속(5-6절)과 함께 구스가 회개하고 하나님께로 돌아올 것을 예언하고 있습니다. 당시의 상황은 어떠했는가?

(1) "날개 치며 소리 나는 땅"(1절)

이것은 벌레가 날개 치며 소리 내는 나라, 즉 구스를 말합니다.,

(2) '구스'는 어떤 나라인가?

구스 즉 에디오피아는 갈대배를 이용하여 지중해 연안으로 올라왔고 (2절). 이들은 "장대하고 준수한 백성"들이며 이들로 인해 예루살렘의 백성들은 소동을 하고 난리가 났습니다. 히스기야에게 앗수르 산헤립에게 대항하라고 부추겼으나 에디오피아와 이집트는 주전 701년에 엘테케에서 패전하고 말았습니다.

(3) 강들이 흘러 나눈 나라(2절).

유프라테스와 티그리스 두 강이 만나는 앗수르가 아니라, 두 나일 강이 만나는 구스를 말합니다.

2. 하나님의 메시지(4-7)

이사야 당시 구스는(주전 740년)피안키가 세력을 확장시켜 이집트를

쳐서 25대 왕조를 창건하고 당시 일어나고 있는 앗수르의 위협에 맞서기 위해서 주변의 여러 나라들과 군사동맹을 체결코자 했습니다.

(1) 4절의 메시지는 무슨 뜻인가?

먼저 기억할 것은 4절에 나오는 태양과 운무(이슬)의 두 은유를 사용하고 있다는 점입니다. 여기서 우리들에게 보여주는 것은 이런 것들은 나팔 소리나 거창한 행렬과 함께 임하지 않고 조용히 임한다는 것입니다. 하나님의 역사도 그렇게 조용히 나타난다는 것입니다("나의 처소에서 조용히 감찰함이")

(2) 하나님의 심판

5절은 바로 하나님의 심판은 포도밭의 열매 맺지 못한 가지처럼 대적들을 베어버린다는 것입니다(5-6절), "내가 낫으로 그 연한 가지를 베며 퍼진 가지를 찍어버려서". 따라서 대적들은 실제가 아니고, 하나님만이 실제입니다.

(3) 유다가 해야 할 것

7절에 그 해답이 나옵니다. 유다가 에디오피아에게 도움을 요청하기 위해서 막대한 예물을 바치게 될 그날이 오기를 기다려야 한다고 했습니다.

3. 본문이 주는 교훈

(1) 시 2:1-4절의 말씀이 본문의 요약

세상의 열방들은 자신의 절대권력의 자리에 올려놓기 위해서 모든 수단과 방법을 가리지 않습니다. 그러나 이들은 궁극적실제가 아니고 오직 하나님만이 궁극적 실제가 되십니다.

(2) 7절의 예언이 과연 이루어졌는가?

행 8:26-39절에 기록된 에디오피아의 내시의 사건을 연상케 하며 어떤 면에서 그는 열방의 대표라고 할 수 있습니다.